Integratives Selbstmanagement

für Menschen, die Menschen führen

6. Auflage

Herstellung und Verlag:
BoD – Books on Demand, Norderstedt
ISBN 978-3-8448-1496-5

Integratives Selbstmanagement richtet sich an Menschen, die in der heutigen Welt gefordert sind. Menschen, die sich nicht treiben lassen, sondern aktiv ihr Leben entwickeln wollen. Das bedeutet, sich selbst Freiräume zu erschließen, in denen interaktives Leben möglich wird.

Ein dreigliedriger Weg führt Sie zu sich selbst. Und keine andere Person kennt Sie so gut, wie eben Sie sich selbst. Was passiert im Gespräch, wenn Sie von einem anderen Menschen eine Frage gestellt bekommen? Sie bekommen einen Raum, der es Ihnen ermöglicht, etwas zu sagen. So ist integratives Selbstmanagement kein Abwenden von der Welt, sondern ein Hinwenden zu sich selbst und das geschieht nicht im Berichten von Weisheiten und Ratschlägen, sondern das ermöglichen Fragen, die den inneren personalen Dialog eröffnen.
Der Weg des Selbstmanagements führt ausschließlich über den Menschen selbst. Starten Sie zur persönlichen Schatzsuche. Sie werden Schätze finden, die Ihnen wie Wunder erscheinen und Sie anregen, den Weg immer weiter zu gehen.
Die Geschichten des Autors mit seinem langjährigen Reisefreund Tilapia, begleiten Sie und zeigen, dass Selbstreflexion nicht Askese bedeuten muss, sondern sich vor allem auch durch Genuss erschließt, denn dieser Genuss ist filigran und erschließt sich wie eine Artischocke, deren Herzen man sich langsam durch den Blättermantel schält.

Für meinen langjährigen Freund und Begleiter Tilapia

Inhaltsverzeichnis

Teil 3
Spirituelles Selbstmanagement

Tilapia

Haben Sie einmal als Kind eine Forelle in einem Bach zu fassen versucht?

Tilapias Gedanken scheinen genauso lebendig und in viele Richtungen zu sprudeln, wie eine klare und frische Quelle, wo die Erde gerade ihr Lebenselexir hervorbringt. Tilpaias Denkweisen gleichen einem Rhizom, das ausgehend von einem stabilen und klaren Kern, in viele Denkrichtungen sich weiter verbindet und so sich immer wieder erneuert.

Tilapia genießt das Leben, indem er sich auf sich selbst und auf sein Gegenüber einlässt. Er liebt und schätzt Menschen als sehr wertvoll, wendet sich ihnen zu und zieht diese zugleich magisch an. Er verhilft ihnen zu einer Kommunikationsweise, die sich zuwendet, den anderen wertschätzt und als Mensch anerkennt. Dadurch erschließen sich den anderen Menschen neue Möglichkeiten und sie können weitere Ebenen entdecken.

Als erfolgreicher Unternehmer, der weltweit über die Meere tanzt, ist er gewinnorientiert und denkt in weiten Zusammenhängen.

Tilapia ist besorgt um die ihn umgebenden Menschen und engagiert sich für eine gesunde Welt, die Menschen Möglichkeiten eröffnet in diesem Umfeld sicher zu navigieren und zu leben.

Es war wohl vor vier Jahrzehnten in Südfrankreich als ich unterhalb des Victoire-Berges das erste Mal Tilapia begegnete. Es war kurz nach sechs Uhr. Die Sonne war gerade aufgegangen und Frühnebel hing noch über dem Kessel von Aix-en-Provence. Am Fuß der südlichen Felswand nahe dem Einstieg, unterhalb einer jäh nach Süden abfallenden Kalkwand erkannte ich eine sitzende Gestalt auf einem kleinen Grasvorsprung. Ich war überrascht, um diese Zeit hier jemanden anzutreffen.

Nach einem „Ça va" machte mir die Person eine einladende Geste, mich ebenfalls zu setzen. Ich war schon gut 2,5 Stunden von Aix her unterwegs und so ließ ich mich nieder, neugierig auf diesen Menschen, der zugleich beruhigend und lebendige wirkte.

Über Cezannes` Land war Ruhe; in den Pinienwipfeln spürte man kaum einen Hauch; die Zikaden schwiegen im Wald, bald ruhten wir auch.

Bevor die Sonne noch höher stieg, standen wir auf wie alte Weggefährten, die schon oft zusammen unterwegs waren und machten uns daran, die Südwand zu erklimmen. Nachdem wir das etwa 20 Meter hohe Kreuz der Provence am Gipfel nach etwa 2 Stunden erreicht hatten, genossen wir die Weite in alle Himmelsrichtungen. Im Norden der Mont Ventoux, im Süden das nahe Meer erahnend, im Osten der lange Kamm des Bergrückens und im Westen die Skyline von Aix.

Nach dem Abstieg kamen wir gegen Mittag in die Nähe eines Stausees. Dort machten wir Rast. Ich hatte mich ins Grass gestreckt und war wohl eingenickt.

Als ich aufwachte, war Tilapia verschwunden. Hatte er auf Wiedersehn gesagt?
Es war seltsam, mir war, als wären wir den ganzen Tag keinem Menschen begegnet.
Irgendetwas gab mir die Gewissheit: wir werden uns bald wieder begegnen. Es war an der Zeit selbst zu gehen. Ich packte zusammen und freute mich auf die Plat du Jours im Hotel.

1. Teil

Selbstmanagement, der Tanz mit dem Selbst beginnt

Dass Selbstmanagement notwendig ist, bestreitet wohl kaum ein Mensch.

- Was reizt Sie im Besonderen, sich mit dem Thema Selbstmanagement zu beschäftigen?
- Was ist Ihnen dabei besonders wichtig?
- Was erwarten Sie und was soll Ihre Belohnung für ihr erfolgreiches Selbstmanagement sein?

Viele Wege im Bereich Selbstmanagement folgen gewohnten und bekannten Modellen, die die Menschen aus dem Geschäftsalltag oder sportlichen Fitnessclub kennen: Es sind im Wesentlichen das Primat der Leistungsoptimierung und ausgetrampelte Wege, die jedoch oft nur die Sicherheit einer Eisfläche versprechen, die bei wärmeren Temperaturen kaum noch tragfähig bleibt. Diese in den meisten Erfolgsbüchern geschilderten Konzepte versprechen Erfolgsmaximierung nach dem Prinzip „Stärken stärken", der Tüchtige überlebt oder Erfolg gebiert Erfolg.

Funktionieren die Wege nicht umgehend, sprechen die Menschen die Verantwortung dem gerade gelesenen Ratgeber zu, verwerfen diesen und geben damit ihre Selbstverantwortung ab.

- Gibt es Stärke ohne Schwäche?
- Gibt es Freude ohne Trauer?
- Gibt es Sicherheit ohne Ungewissheit?
- Gibt es Erfolg ohne Misserfolg?

Viele Menschen bauen Ihr Selbstbewusstsein und Ihre Identität auf trügerische wacklige Phantasien, Idealbilder Ihres Ichs und Illusionen.

Das Leistungsprimat, das die heutige Welt prägt, dessen Ausfluss ein schön gestählter Körper nach DIN-Norm, immerwährende Gesundheit oder die ewig „aufgespritzte" Jugendform auch noch jenseits der 70 sein soll, ist vieler Ortens die alleinige Maxime.

- Wo ist für diese so ausgerichteten Menschen die Lebensorientierung?
- Was wäre ein immaterielles Primat, wenn das Leistungsprimat das Materielle wäre?

Integratives Selbstmanagement

Integrativ meint, „einfügend" (Fremdwörterbuch, Wahrig) und „jemanden in eine Gemeinschaft einbeziehen" (Schulwörterbuch Oldenburg.). Integrativ hat das Ganze im Blick, in das sich etwas eingliedert.

- Wie kann etwas passen, das nicht homogen ist, so der Mensch einzigartig ist?
- Ist der Menschen mehr als lediglich die Hülle, die nach außen scheint?

Integratives Selbstmanagement umfasst drei Ebenen:

1. die Ebene des Körperlichen
2. die Ebene des Psychischen
3. die Ebene des Geistigen

In die erste Ebene fallen alle leiblichen Phänomene wie der Bereich der Wahrnehmung mit den menschlichen Sinnen, sprachliche Kommunikation und Übungen des Selbstmanagements.

Die zweite Ebene umfasst die Kognitionen und Emotionen wie menschliche Befindlichkeiten, Triebe, Gefühle, Instinkte, Begierden, Affekte und intellektuelle Begabungen, Verhaltensmuster oder soziale Prägungen. Diese Ebene weist einen inneren Bezug auf.

Auf der geistigen und dritten Ebene taucht der Mensch tiefer in das Innen seines Selbst. Hier findet er ungewöhnlich viel: die freie Stellungnahme zu Körperlichkeit und Befindlichkeit, eigenständige Willensentscheidung, sachliches Interesse, Einstellungen zu Werten und Liebe und ethisches Empfinden und Fragen nach dem Sinn und der Quelle der Kraft sind dort angesiedelt.

Diese Dimension erschließt sich erst über integratives Selbstmanagement, das den ganzen Menschen in seiner Innen- und Außenwirkung einbezieht, das Leben hinter den Dingen sieht und in diese hinein geht.

Brückenbau

Selbstmanagement hat vom Wort her gesehen mit dem Selbst zu tun und im zweiten Wortteil mit managen. Managen enthält das lateinische Wort „manus". Das bedeutet nicht nur Hand, sondern auch Macht ausüben.

- Wie sähe es aus, wenn Sie Ihr Selbst ab jetzt selbst in die Hand nehmen?
- Zu was ermächtigt Sie Selbstmanagement, das Sie in Ihre Hand nehmen?
- Wie können Sie Ihre eigenen Machtbereiche nutzen?

Dieses Buch zeigt Wege auf, um das eigene Selbst in die Hand zu nehmen. Die Wege ermöglichen das Selbst zu stärken, Klarheit zu gewinnen und sich selbst weiter zu entwickeln.

Wie beim Tanz begegnet man seiner Partnerin oder seinem Partner erst vorsichtig und einfühlsam, bis man den gemeinsamen Rhythmus findet und der wirkliche Tanz beginnt.

Das Selbst eröffnet den Weg zum Anderen. Es ist wie ein Brückenbau vom Ich zum Du.
Selbstmanagement ist ein Tanz mit dem Selbst. Das Selbst rückt so in den Mittelpunkt. Es wird sich selbst und einem selbst bewusst. Im Tanz mit der Welt spiegelt sich Ihr Selbst und wird erst zum Selbst, zur Identität.

Das Wort Selbst taucht in vielen Wortvernetzungen auf: dem Selbst-Wert, der Selbst-Bestimmtheit, der Selbst-Vertrautheit, der Selbst-Entwicklung, der Selbstständigkeit, der Selbstlosigkeit, der Selbstbeherrschung, der Selbstaufgabe, dem Selbstgespräch, dem Selbstbewusstsein.

- Was empfinden Sie bei diesen aufgezählten Begriffen?
- Welche Verbindungen fallen Ihnen noch ein?

Und wie ist es mit dem Selbst-Mord, fragte Tilapia, der neben mir in einem kleinen Straßencafe saß. Verhalten sich viele Menschen nicht eher so, dass sie Ihr Selbst meucheln und ertränken, als es eher zu mehren und zu erweitern?
Schau einmal diese Menge auf dem Markt vor uns an. Man sieht eine einzige sich bewegende Masse. Diese Masse ist im gesamten betrachtet, eine Menge selbst-

loser Menschen. Sie scheinen Ihre Individualität in der Menge aufgelöst zu haben. Was bleibt ist lediglich ein amorpher Brei, obwohl, sehe da vorne, diese Person, die heraussticht, ohne besonders auffällig gekleidet zu sein.

- Wenn Sie an eine Situation mit einer Menge von Menschen denken, gab es Menschen, die aus der Vielzahl hervorstachen?
- Was hebt diese Menschen aus der Masse?
- Sind es Qualitäten oder Phänomene äußerlicher oder innerlicher Art?
- Wann verschwindet ein Mensch in der Masse?
- Wann sind Zeiten, wo es ihnen gut, tat in der Masse zu versinken?

Das Selbst erscheint immer in einer Bezogenheit. In der Bezogenheit auf das Ich, doch erst in der Bezogenheit auch auf das Du hin, wird es erfahrbar und erfassbar und gewinnt in einer neuen Ebene Identität, spann Tilapia Martin Bubers Gedanken und tauchte in dem Marktgetümmel. Doch wo immer er war, schien der Mittelpunkt zu sein, um den sich die Menge bildete.

Ziel allen Selbstmanagements kann nur sein, sich selbst zu erkennen und aus dieser Erkenntnis heraus zu leben. So gebiert das Selbst aus sich selbst das Selbst. Doch es ist nur die eine Seite der Brücke. Erst mit dem anderen Ufer, einem Gegenüber, wird es eine Brücke.
Das Selbst gewinnt zunehmend in einer desorientierten Welt für viele Menschen an Gewicht.

- Wie nehmen Sie sich als Selbst in einer Menge von Menschen wahr?

Selbstmanagement ist eine Beschäftigung mit dem Selbst. Zugleich bemerken Sie, dass neben Ihrem Selbst ein weiteres und noch eins und noch eins usf. auftaucht. Das Bemühen um sein eigenes Selbst ist so immer auch ein Bemühen um zwischen-menschliche Beziehung. So treten Sie aus Ihrem „egomanischen" Raum.

Selbstmanagement spielt nicht im luftleeren Raum, sondern in einer Umwelt mit konkreten Anforderungen, anderen Menschen und konkreten Lebensinhalten. Selbstmanagement kann deshalb kaum erfolgreich ohne andere Menschen gelernt werden. Im Spiegel der anderen erfahren wir uns, sehen wir uns und erleben wir uns selbst.

Menschen leben nicht in einem asozialen Raum. Selbstmanagement ist ein In-Beziehung-Denken. Es ist ein Suchen nach Brückenbegriffen, zwischen Ich, Du und Wir. Es ist ein kommunizierendes Kräftefeld, das Beziehungen aufbaut und belebt. Brücken führen hinüber und herüber.

- Wo ist Ihr „Du" zu dem sich die Brücke hinüber spannt?
- Wo sehen Sie ihr „Wir" als verbindendes Element zwischen Ich und Du?

Ein so relatives Selbst gibt Möglichkeit, bedingt Auseinandersetzung und gibt Orientierung in der Begegnung mit dem anderen Menschen.

In einer Gesellschaft, die zunehmend im Außen lebt und oft nur das Äußere einfordert, gilt es ein Gegengewicht zu bauen. So können Sie der Gefahr vorbeugen, in einer idealisierten Eigen-Welt zu leben, die die Selbst-Realität verloren hat und keinen Boden mehr findet.

Das Leben nach innen und aus der Tiefe muss (oft wieder) gelernt werden. Zu groß ist heute die Gefahr, sich in Selbstgefälligkeiten und Unerheblichkeiten des Alltags zu verlieren.
Gefühle und Denken werden an die Peripherie gedrängt.

- Wie wäre Körperlichkeit ohne Gefühle?
- Wie wäre Gefühl ohne Verstand?
- Wie wäre Verstand ohne Körperlichkeit?
- Kennen Sie Menschen in Ihrem Umfeld, die eher einer mechanischen Puppe gleichen wie E.T.A. Hoffmanns Olympia?

Menschen die Erfolg nur aus materiellen und äußeren Zielen ziehen und sich nur auf die funktionale Kommunikationsebene beschränken, haben eine hohe Chance als Mensch zumindest langfristig zu scheitern. Funktionale Kommunikation meint, dass Menschen nur auf einer ausschließlich technischen Ebene der Kommunikationsregeln und Formate miteinander umgehen. Erst um das Soziale und Emotionale ergänzt, vermag Kommunikation auch innerlich zu befriedigen und einen Menschen zu erfüllen.

- Kennen Sie Unternehmen und auch Menschen, die sich nur auf funktionale Kommunikation beschränken?
- Gibt es Bereiche, in denen Sie eher funktional kommunizieren?
- Was sind die Gelegenheiten, wo Sie mit dem Herzen sprechen?
- Wie ist es mit ihren Selbstgesprächen? Sprechen Sie mit sich mit dem Herzen?

Mitte

Das Leben außerhalb der eigenen Mitte ist zwar zur Gewohnheit geworden, doch zu einer schlechten. Menschen mögen Jahre und auch Jahrzehnte am Rande ihres Selbst leben können, doch einmal wird auch jene Menschen die Frage treffen:

- Wer bin ich eigentlich?
- Was hat mich bestimmt?
- Wozu das alles?

So rücken die Betrachtungen und Fragen, das wieder in die Mitte, was in die Mitte gehört, nur aus der Mitte gelebt und auch erfahren werden kann.

Integration ins Selbst und Selbstreflexionen hilft Menschen, Ihr Selbst von fremdinduzierten Hoffnungen, Wünschen, Forderungen und Ansprüchen zu befreien. Sie leben ein Selbst und emanzipieren sich über institutionelles Denken, erkennen Dogmen und unkritisch übernommene Ideologien. Sie halten ihr Steuerrad in den Händen. Sie sind der Steuermann.

- Was Ist Mitte und was meint Durchschnitt?
- Wo sind die spannenden Lebensthemen bei der Gau´schen Glockenkurve zu finden?
- Liegt dann die Mitte, die bewegt, wirklich in der Mitte?

Kunstspiel

In einem Kunstmuseum in der Nähe von Saint Paul de Vence standen Tilapia und ich vor einem viereckigen Würfel aus dichten gelben Kunststoffstreifen. Diese gelben etwa 3 Meter langen und 15 cm breiten Streifen waren an Drähten aufgehängt. So wirkte das Gebilde wie ein fester gelber Kubus. Näherte sich der Betrachter, so merkte er, dass er in die frei hängenden gelben Kunststoffstoffstreifen eindringen konnte. Während der Mensch hineingeht, bleibt die Gestalt in den sich bewegenden Bändern in ihrer Form noch eine Weile erhalten, um sich endlich aufzulösen. Beim Hinaustreten an anderer Stelle verdichtete die innere Bewegung die Streifen wieder zur Form. So gewann die Person wieder Gestalt als sie wieder ins Außen trat.

Selbstmanagement ist eine Kunst. Kunst deshalb, weil Kunst schafft, formt, vereinnahmt und wieder zu Gestalt im Außen kommt. In der Betrachtung gebiert Kunst sich laufend neu. Selbstmanagement ist wie Kunst, die einer impliziten Ästhetik folgt. Kunst geschieht in einem zeitlichen Ablauf, hat Vergangenheit, Gegenwart und Zukunft, indem der Mensch sie im Nu betrachtet. Dieses Betrachten verlangt einlassen, zulassen und sich niederlassen. Kunst ermöglicht durch laufende Neubetrachtung eine Renaissance. Das Kunstwerk wird Wirklichkeit in dem gegenwärtigen Betrachten.

- Welches ist Ihre persönliche Ästhetik?
- Wie könnten Sie Ihr Selbst entwickeln, dass ein Kunstwerk entsteht, das Menschen interessiert betrachten oder sich mit ihrem Selbst auseinander setzen?
- Sind hier äußere oder innere Bereiche wesentlich oder ist es ein Zusammenspiel?
- Wo kommen Sie her, wo sind Sie im Nu und wo gehen Sie hin?

Kunst schöpft, stellt Gefundenes dar, spiegelt gerade Stattfindendes und vermag umzuwandeln. Bei der Kunst geht es eher um das Sichtbarmachen als um das Sehen.

- Mag das Sehen sein, was wird von ihrem Selbst als Kunstwerk im außen sichtbar?
- Was sind die Konturen, die ihr Kunstwerk „Selbst" abheben?
- Ist das Werk nur äußerlich wie eine Fassade auf Außenwirkung aufgebaut?

Tanz und Musik

- Wie wäre es, wenn Sie Ihren Tanz mit dem Leben nach Ihren Wünschen choreografieren?
- Oder wollen Sie die Bestätigung haben, dass Sie wegen eines Fußleidens wieder einmal auf der Bank sitzen bleiben können?

- Welche Facetten sollten in ihre Choreografie einfließen?

Egal wie Sie tanzen oder ob Sie lieber verharren, Sie werden immer ein Ergebnis bekommen. Die Entscheidung liegt bei Ihnen: Museum Tussaut oder ein lebender und bewegter Tanz mit vielen lebendigen Figuren.

Erst die persönliche Entscheidung bewirkt, aus eigenen Kräften der Fessel des Verharrens zu entkommen, frei zu werden und neue Schrittfolgen auszuprobieren. Entscheiden bedeutet die Freiheit, handeln zu können. Passt dann das Wort Selbstmanagen? Das Wort „managen" enthält auch das englische Wort „manacle", und das bedeutet Fessel oder fesseln, schmunzelte Tilapia. Und viele Menschen scheinen in sich selbst gefesselt zu sein und sich zunehmend wie Fische triebgesteuert zu verhalten und sich wie in einem Fischernetz immer weiter zu verfangen.

- Was fesselt Sie?
- Was heftet Ihnen an, das Sie nicht loslässt?
- Wie entscheiden Sie sich in Bezug auf ihre Fesseln?
- Wie fühlen Sie sich, wenn Sie sich der Fesseln einmal kurz entledigen?

Fesseln könnten beispielsweise Aussagen sein wie: Keine Zeit für das Wesentliche, kein Geld, keine Lust, keinen Mut, keine geeigneten Partnerinnen oder Partner im privaten wie geschäftlichen Bereich, das Leben in der täglichen Auseinandersetzung ist zu anstrengend, das „So-What-Syndrom" oder dies oder das verbietet die Moral. Sicher finden Sie noch viele Gründe für das Nicht-Tun. Auch keine Probleme zu haben, deutet eher auf einen Verdrängungsmechanismus.

- Wie wäre es, wenn Sie sich einmal so wild drehen wie die Kinder es beim Spielen tun?
- Was könnte das Mystische an dem wirbelnden Tanz der Derwische sein?
- Wie könnte es aussehen mit dem eigenen Ich zu tanzen?
- Wer führt in dem Tanz mit dem Ich?

Ein Tanz hat etwas Obsessives. Er gestaltet und formt, indem man tanzt. Er ergreift den ganzen Menschen. Die Tänzer verschmelzen und trennen sich wieder. Körper, Bewegung und Musik werden zu Einem. Tanz ist innwendig und auswendig. Er bringt innere Empfindungen nach außen und drückt sie aus. Er ist eine Sprache, in der der Körper die Ausdrucksform ist und die Musik, der Rhythmus und die Tanzschritte die Grammatik vorgeben. Das Mystische am Tanz ist, dass er verwandelt und Zustände transformieren kann und so neue sinnliche Wahrnehmungsebenen eröffnen kann. Wie die Drehungen der Derwische in Ekstase gipfeln und so in einem spirituellen Kontext den Weg zu dem Alles öffnen können.

Mit Tilapia verband mich ein wesentlicher Punkt: Wir lieben beide dynamische Bewegungen und jegliche Art von Tanz. Wo immer sich die Gelegenheit bietet, tanzen wir. Im Tanz verwandelt sich mein sonst sehr kultivierter älterer Freud. Tilapia vollführt exaltische Sprünge und Drehungen. Er zuckt im und am ganzen Körper, um sich im nächsten Augenblick wieder ruhig zu winden. Bei Tilapia kommt es mir vor als würden seine Gehirnwindungen im außen sichtbar und seine Assoziationen verfolgbar werden.

Ich hatte oft den Eindruck als dirigierte Tilapia den Takt der Musik und diese folgte seinen Bewegungen und Rhythmus. Bewegung und Bewusstsein wirkten vereint. Er sprach immer von der Magie des Tanzes. Magie gehört zu kognitiven und nicht zu mechanisch-technisch erklärbaren Phänomenen. Es geschieht einfach.

- Tanzen Sie schon?
- Haben Sie schon einmal eine magische Erfahrung beim Tanz gemacht?
- Welcher Tanzstil passt zu Ihrem jetzigen Leben?
- Welche Tanzform würden Sie gerne tanzen?
- Ziehen Sie verschiedene Tanzformen vor oder wird es ein lebensfüllendes Ballett?
- Tanzen Sie mit ihrem Umfeld?
- Wie wäre es mit einer Tanzschule, um das Handwerk zu lernen?

Erst wenn Sie die Grundschritte gelernt haben, können Sie sich davon lösen und etwas Neues entfalten, um dann wieder zur Basis zurück zu kehren. Tänzer, denen die Basis fehlt, kommen genauso wenig wie ein Sonntags-Jazzer oder Fazil Say „in the groove".

Menschen, die selbst tanzen und mit Ihrem Selbst tanzen, eröffnen sich viele Qualitäten:

Positivere Lebenseinstellung
Klarheit in Aktion und Reaktion
Mehr Konzentrationsfähigkeit
Beherrschung von negativer Emotionalität
Steigerung der Sozialität
Lebensfreude
Sinnbewusstsein
Selbstfindung über zunehmendes Selbsterkennen
Integration von Denken, Fühlen und Handeln
Dynamisieren des Lebens
Lernen den Beobachter zu beobachten
Sich selbst bewusst werden
Selbstsicherheit
Transparenz und Transzendenz
Sinnvollen Erfolg.

- Reden Sie noch über das Was oder tanzen Sie in manchen ihrer Lebensbereiche schon?
- Können Sie sich vorstellen, diese Qualitäten ausschließlich im Befolgen von Regeln zu erreichen?
- In welchen der oben aufgezählten Bereiche wollen Sie sich selbst entwickeln oder neu finden?

Die oben genannten Qualitäten zu erweitern und zu entwickeln, ist wie die Komposition eines Balletts Ihres Lebens.

Selbstmanagement, das persönliches Wachstum anstrebt und Spiritualität auf einer weiteren Ebene im Blick hat, ist ein lebenslanges Tanzstück. Wie Ballett eines Choreographen bedarf, hat es sich auch im Leben bewährt einen Begleiter für auftauchende Fragen zu haben, der einen zum eigenen Stil führt.

Personale Entwicklung, Lebenswissen und ein sinnerfüllendes Leben wird ihr Stück sein.

Tilapia sagte mir einmal: „Bequeme Menschen sind wie Karpfen. Sie sind feist, fett und träge. Sie haben Ihr Leben schnell hinter sich. Der Teich wird jährlich abgefischt. Viele Menschen schaffen es erstaunlich lange jedes Jahr von Teich zu Teich zu springen. In meinem Unternehmen habe ich an den wesentlichen Stellen, die fetten Karpfen vor Jahren abfischen lassen, denn in bewegten und unsicheren Gewässern bewährten sie sich nicht. Sie sind zu langsam und, können ab einer gewissen Fettheit nicht mehr in neue Teiche springen.

- Kennen Sie einige Menschen dieser Karpfengattung in Ihrem Umfeld?
- Wo und wann schwimmen Sie auch manchmal wie ein Karpfen?
- Welche Fischart würde Ihnen gefallen?
- Schwanken Sie zwischen verschiedenen Fischgattungen?
- Welchen Fisch haben Sie zum „Fressen" gern?

- Wenn Sie zwischen verschiedenen Fischarten schwanken, welche Facetten der einzelnen Gattungen gefallen Ihnen?
- Wie sähe ihr ganz einzigartiger Fisch aus?

Versuchen Sie diesen aufzumalen und schaffen Sie sich ihr einzigartiges Wesen.

Erfolg

Ziel des Prozesses von integrativem Selbstmanagement ist auch, Ihnen ein persönliches Ergebnis zu ermöglichen. In diesem Sinn ist das Buch auch ein Erfolgsbuch. Deshalb ist es notwendig, den Begriff des Erfolgs zu klären, um für die weiteren Fragestellungen eine gemeinsame Grundlage zu haben.

Erfolg ist das Ergebnis auf ein Bemühen hin. Das kann beabsichtigt oder auch auf eine zufällige Wirkung zurückzuführen sein. Erst durch die jeweilige Bedeutung, die Sie oder andere diesem Ergebnis zuweisen, erhält das Ergebnis eine Bedeutung: positiv wie auch negativ.
Erfolg wird nicht als das äußere Verständnis der Leistungsgesellschaft verstanden, sondern Erfolg als das Glück eines erfüllten Lebens, das auch den Geist dahinter, der alles durchdringt, mit umfassen will.

- Kann ein derartiger Erfolg durch alleiniges befolgen von Regeln, Disziplin, Kopieren oder Gehorsam erreicht werden?

- Neigen Sie dazu, sich im Hof eines erfolgreichen Menschen, wie Kurtisanen an einem Königshof zu sonnen?

Erfolg allein macht nicht zwingend glücklich, sagt eine alte Weisheit. Erfolg kann sinnvoll nur in der Dichotomie zum Misserfolg bestehen.

- Wie gehen Sie mit Frustration und Misserfolg um?
- Sind Menschen, die nicht im Rampenlicht stehen, nicht erfolgreich?
- Kennen Sie erfolgreiche Menschen jenseits einer ausschließlich materiellen Ausrichtung?
- Wer misst bei Ihnen Ihren Erfolg?
- Was sind die genauen Messbänder Ihres Erfolgs?
- Liegen diese Bewertungsmaßstäbe mehr im Außenraum oder eher in Ihrem Inneren begründet?

Viele Erfolgs-Coach und Erfolgsratgeber verheißen den Erfolg und das Glück der Menschen durch alleiniges Befolgen von standardisierten Konzepten und Regeln. Andere wieder zielen auf überwiegendes Befolgen von Sekundärtugenden wie zum Beispiel Fleiß, Disziplin, Ordnung, Sauberkeit, Gehorsam und Pünktlichkeit ab und versprechen dadurch Erfolg.
Die dahinter liegenden tragfähigen Qualitäten wie das innere Potential, der Antrieb, die Erwartungshaltung und die stützende Haltungen erreichen diese an

ausschließlich Sekundärtugenden ausgerichteten Empfehlungen kaum.
Menschen die diesen oberflächlichen Annahmen und Regeln folgen, werden sich eher als getrieben wahrnehmen, als das Gefühl zu erleben, selbst angekommen zu sein.

- Können Coachs und Lebensberater diese Tiefe beim anderen Menschen bemerken, so Sie selbst keine Erfahrung und Erkenntnis in diesem Bereich des Lebenswissens haben?
- Ist Erfolg einem Eventerlebnis gleichzusetzen?
- Was bedeutet für Sie konkret Erfolg, so Sie diesen einem guten Freund beschreiben müssten?
- Wollen Sie Ihren Erfolg von ganzem Herzen lieben lernen?

In diese tieferen Wirkräume des Erfolgs werden Sie nicht mit der Tür hineinfallen können. Kierkegaard und Viktor Frankl beschrieben, dass die Tür zum sinnerfüllenden Glück und Erfolg nur nach außen aufgeht.

- Wollen Sie Ihr Selbstmanagement auf sinn-vollen Erfolg ausrichten?
- So Sie sich erfolgreich fühlen, gäbe es Facetten, die Sie Erfolg noch anders erfahren ließe?

Diesen Erfolg zu erreichen, benötigen Sie keine Regeln sondern Lebenswissen. Wenn Sie sich Ihrer inneren Weisheit nähern und diese mit Ihrem Handeln zusammenführen, werden Sie etwas Anderes erkennen. Sie entfalten sich, schälen wie bei einer Artischocke Blatt für Blatt, bis Sie zum Herz kommen. Sie werden. Sie wachsen. Sie blühen und es fallen Samen aus der Blüte und Sie keimen und Sie wachsen und Sie blühen und es bilden sich Samen, die wieder aufgehen. Sie werden sich selbst bewusst.

- Welche Bereiche zählen für Sie zu Lebenswissen?
- Kennen Sie Menschen, denen Sie Lebenswissen zuschreiben?
- Wenn Sie vom Erfolg als Ergebnis ausgehen, was wird dann davor unmittelbar geschehen sein?
- Wie wäre es, wenn Sie die Kette der noch nicht geschehenen Ereignisse ausgehend vom Erfolg langsam zurückgehen?
- Wie sieht dann von heute aus der erste Schritt aus?

Der Vulkan

Vor Jahren wanderte ich mit Tilapia auf den italienischen Vulkan Vesuv, der über Neapel tront.

Das ist ein einfach zu besteigender Vulkan, da man fast bis an den Kraterrand mit dem Auto oder Bus fahren kann. Dort befand sich ein kleiner Holzverschlag, wo wir ein Glas Wein bekamen und dazu eine Semmel mit Salami. Der Wein machte Laune. Nach Schwefel stank es rund herum sowieso.

Wir saßen über Dantes Höllentor und blickten in den Schlund, aus dem die Dämpfe hochstiegen. Dazwischen zischte es durch viele Ritzen im Gestein. Es war ein Blick in den Hades, meinte Tilapia und wandte sich zu mir. Aus welchen Fugen von Dir zischt und spukt es?

Bist Du nicht selbst überrascht, welcher Glut in dir verborgen liegt? Ich achte in meinen Unternehmen darauf, wo es brodelt und zischt. Es wenn innere Prinzipien und Haltungen eines Menschen verletzt werden. Dann bricht der Vulkan aus und speit nicht nur Rauch.

Stellen Sie sich einmal vor, Sie wären der Vulkan.

- Brodelt Ihr Vulkan?
- Ist es ein schlafender Vulkan, wie zahlreiche auf der Welt?
- Lieben Sie einen Feuertanz: heiß, leidenschaftlich und aus dem Innen brennend?
- Haben Sie Lust auszubrechen und ihr Leben mit voller Kraft zu spüren, so wie spirituelles Erleben Philo von Alexandria vor 2000 Jahren beschrieb: als Ekstase?
- Wann haben Sie Ihre Urkraft schon einmal verspürt?
- Wo vernichtet ihr Ausbruch?

Regeln regeln Regeln.

- Ermöglichen Regeln nicht auf eine einfache Art und Weise, Denken und Verantwortung abzugeben?
- Schränken sie ihre Regeln eher ein?

- Ist Freiheit mit Regeln und Verordnungen möglich?

Regeln, die es Ihnen erlauben Ihr Selbst in den Griff zu bekommen, sind oft von dogmatischer Art. Solche Regeln sind meist nichts anderes als Ausdrucksweisen fundamentaler Menschenverachtung, meint Ruppert Lay. Sie unterstellen, dass durch eine Reihe von Regelbeobachtungen und Regelverordnungen Selbstkontrolle möglich sei.

- Könnte der Ruf vieler Menschen nach einem starken Arm darin begründet sein, dass wir verlernt haben, Verantwortung zu übernehmen und außerhalb von Regeln zu denken?
- Denken Sie lieber in „Schwarz-Weiß-Kategorien"?
- Suchen Sie immer in anderen Menschen nach der Schuld?
- Nehmen Sie wahr, wann Sie nach ihren oder anderen Regeln handeln?

Aktives Selbstmanagement setzt voraus.
Aktives Selbstmanagement ist mehr als eine Notfall-apotheke mit Ad-Hoc-Mitteln gegen momentanes Unwohlsein oder kurzandauernde Stressattacken. Aktives Selbstmanagement setzt voraus, sich mit sich selbst auseinander zu setzen. So vermeiden Sie, in reaktive Handlungsmuster zu kommen oder diese Muster werden zumindest erkannt.
Experimente von Dietrich Dörner in komplexen Systemen weisen darauf hin, dass uns kurzfristige (Ad-

hoc-)Maßnahmen in komplexen Systemen zwangsläufig in die Katastrophe führen.

Selbstmanagement das nicht nur als organisatorisches Mittel verstanden wird, wie zum Beispiel den Schreibtisch frei zu schaufeln, verlangt den Blick zu erweitern. Sie ziehen den Vorhang beiseite und öffnen den Raum, der ihren Ressourcen und Möglichkeiten eine Bühne frei gibt.

- Wie sieht ihr Bühnenraum im Alltag aus?
- Welche Objekte und Subjekte treten auf?
- Was für Direktricen geben Sie als Ihr eigener Lebensregisseur und –Dramaturg vor?
- Haben Sie heute schon eine Regel gebrochen?
- Wenn Sie meinen etwas tun zu müssen, was mag dahinter für eine Regel stecken?
- Was wäre eine Regel, die Ihnen mehr Freiheiten zu handeln schenkt?

Licht der Toskana

Ich blicke über die vom Nebel verschleierten toskanischen Hügel in Richtung des Monte Amiata. Es ist 9.30 Uhr und langsam dringt die Sonne durch den Dunst. Sie bemalt in Pastellfarben die winterliche Landschaft um das Kloster Monte Oliveto. Etwas bewegt mich in die Landschaft hinein.
Tilapia, steht unverhofft neben mir. Unverhofft deshalb, weil er sich meist in Meernähe aufhält und ich ihn nicht in dieser bergigen Gegend erwartet habe.

Er blickte ebenfalls in die vor uns liegende hügelige Landschaft, während wir in Richtung Sonne losgingen.

Erinnerst Du Dich an die Wanderung in den Saint Victoirebergen und unsere Unterhaltung über Cezannes Gestaltung in der Malerei?

Geben nicht erst die Farben der Landschaft Form? Die Farbe strukturiert in Cezannes Bildern die Landschaft. Die Farbe bestimmt die Gestalt. Erst die Farbe haucht der Landschaft Licht und Leben ein und ermöglicht dem Betrachter die Vielfalt zu erkennen. Sie bindet Gedanken, Geist und Objekt ein. Ohne die Brücke der Farbe wirkt die Landschaft zusammenhanglos; ist nicht zu erkennen. Die Farbe als Gestalter der Verhältnisse der einzelnen Flächen zueinander, gibt erst Kontur, Kontrast und trennt die Flächen.

Es war zwischenzeitlich gegen Mittag und ich sah vor einer kleinen Locanda eine Tafel: Mare e Monte. Schon war Tilapia im Eingang verschwunden.

Farben entstehen aus vielen Substanzen, die sich bewusst oder unbewusst vermengen. Farben werden zum göttlichen Weiß, so Sie sich vereinen. Farben verleihen der Welt Licht. Als Nichtfarbe „Schwarz" spiegelt es Macht, Eleganz und Intelligenz. Farben geben Strukturen und Form. Doch erst das Licht schenkt der Landschaft Schatten und Kontraste. Farbgegensätze differenzieren die Flächen und machen das Bild lebendig. Erst durch die Farbe entsteht Bedeutung und Verbindung.

Das Licht selbst sehen wir nicht, können es nicht greifen und wissen doch, dass es da ist, sonst wäre es dunkel. War das der Grund, weshalb das Licht vor der Sonne geschaffen wurde, schmunzelte Tilapia. Gut dass wir der Sonne entgegen gehen, so blühen wir wie Sonnenblumen ihr entgegen und lassen den Schatten hinter uns. Ist es nicht seltsam, wie viele Menschen ständig in ihrem eigenen Schatten laufen?

- Was ist ihr Licht hinter der Sonne?
- Wo sind ihre Schatten?
- Wie ist es, wenn Sie Farbe rausnehmen?
- Gibt es Spannungen in der Farbgebung?
- Welche Farben geben Sie Ihrem Selbst?
- Wie wäre es, wenn Sie das Wort Farbe durch Klang ersetzen?
- Wie wäre es, wenn Sie nun in Ihren Antworten ihre Farben durch das Wort Leben ersetzen?

Nehmen Sie Farbstifte und malen Sie sich in einem farbigen Bild: abstrakt oder gegenständlich.

Bienenflug

Um sich selbst wahrzunehmen und zu erkennen, ist es nützlich, gleich der Biene hinaus in die Blütenwelt und darüber zu fliegen. Ihr eigenes Selbst gewinnt durch den in der Höhe sich abwechselnden Flug die entsprechende Relation zu dem Sie Umgebenden.

So können Menschen Ihre Größe, das Dahinter und Drumherum erkennen. Das erst ermöglicht dem Menschen, gleichsam wie eine Biene, in der Landschaft Orientierung und den nährenden Honig zu finden, sich zu nähren und sich in dem Ganzen zu orientieren.

- Wie sieht Ihre Landschaft aus der Bienen-perspektive aus?
- Haben Sie einmal ausprobiert in unterschied-lichen Höhen zu fliegen?

Lebenserfolgreiche Menschen in meinen Unternehmen, verändern Ihre Sichtweisen und Blickwinkel, sagte Tilapia. Sie öffnen immer wieder neue Türen, nutzen Treppen, indem sie hinaufsteigen und hinabsteigen. Diese Menschen verrücken sich und sind auf die Farben in Ihrer und der sie umgebenden Landschaft neugierig. So eröffnet sich Ihnen eine vielfältige Welt, die wie beim Blick in ein Kaleidoskop mit jedem Anstoß neue Muster entwirft. Diese Menschen geben in meinem Unternehmen die Richtungen vor, da sie über ihre begrenzenden Ängste und Zwänge hinaussehen. Diese Menschen sind meine Führungskräfte, denn sie finden den Lichtschalter im Tunnel, damit sich ihre Mitarbeiter nicht den Kopf auf dem Weg zum Licht am Ende des Tunnels anstoßen.

- Wann zünden Sie ihr Licht an und beleuchten die Gegenwart?

Diese so erfolgreichen Menschen entdeckten, dass, was vormals Glaubenswissen war, zunehmend zur lebendigen existenziellen Erfahrung wird. Ihre Räume füllen sich mit Farbe, Gefühlen und Klang.

- Was meint Glaubenswissen?
- Was ordnen Sie Erfahrungswissen zu?
- Welche Vorurteile haben Sie?

Erfahrene Menschen, wie Tilapia führen immer ein Büchlein mit, um die Gedanken zu notieren oder aufzumalen. Ich bemerkte oft, dass Tilapia bei unseren Reisen sein kleines Heftchen zog und etwas hineinschrieb oder zeichnete. Bei Glaubenswissen hatte er vermerkt, „Denken in Theorien, Dogmen und Ideologien" und ein schwarzes Loch dazu gemalt. Auch sah ich einmal seine Liste zu Vorurteilen: da mögen gut über 150 Vorurteile gestanden haben. Und ich erinnere mich wie er gesagt hatte, dass seine Führungskräfte alle diese Liste führen und sich erst zufrieden gaben, wenn diese mindestens 100 gefunden hatten. Wie sollen Menschen Menschen führen oder anleiten, so sie nicht über ihre eigenen impliziten Steuerung-mechanismen Bescheid wissen?

- Wo sind Ihre schwarzen Löcher?
- Haben Sie schon mit einer Vorurteilsliste begonnen?

Das bedeutet nicht, dass Vorurteile schlecht sind. Vorurteile helfen uns in der komplexen Welt zurecht zu kommen und nicht jede Meinung neu durchdenken zu müssen. Sie standardisieren unser Denken, machen es schneller und für uns übersichtlicher. Es geht lediglich darum zu wissen, wo die jeweilige Meinung herkommt, denn Ziel des Selbstmanagements ist, sich selbst bewusst zu sein. Sich selbst zu (er-)kennen.

Staunen

- Haben Sie heute schon gestaunt?
- Was bewirkt, dass Sie staunen?

Staunen zeigt Neugierde und Offenheit gegenüber der Welt, den anderen Menschen oder den umgebenden

Objekten und deren Zusammenwirken. Der Mensch der staunt fragt, schweigt, ist zugewendet, um die Antwort des Gegenüber aufzunehmen. Fragen sind Hinwendung und Zuwendung. Das Gehörte wahrzunehmen, bedingt das Selbst zu öffnen, um das Wort des Anderen aufzunehmen.

- Wo sind die Fragen zu Ihren vielen Antworten, Urteilen und Bewertungen?
- Mit wem sprechen Sie lieber: mit Menschen von denen Sie immer nur Antworten bekommen oder Menschen, die Ihnen auch Fragen stellen?

Tote Fische treiben den Strom abwärts, meinte Tilapia, tote Fische fragen nicht. Antworten beenden. Erst erweiternde Fragen bewirken wie Stromschnellen ein Aufwachen aus der Starre, wirbeln durcheinander, fordern zu handeln und zu entscheiden.
Fragen gehören zum Leben, so Leben Lebendigkeit bedeutet. „Unentscheidbare" Fragen, sind interessanter und ermöglichen neue Ebenen. Diese Fragen sind nicht aus einer Ableitung von Axiomen zu beantworten. Unentscheidbare Fragen stellen nicht fest, ob etwas richtig oder falsch ist. Erst eine von beiden Seiten akzeptierte Spielregel würde eine Entscheidung ermöglichen. Doch was richtig oder falsch ist, bleibt offen, bis eine neue Regel vereinbart wird.

- Haben Sie heute schon etwas „Unentscheidbares" gefragt?
- Welche unentscheidbare Frage wollen Sie

morgen stellen?

Die Welt will die Zeit und das Tempo und die ständige Erreichbarkeit diktieren. Unentscheidbare Fragen reduzieren die Geschwindigkeit, denn diese fordern Denken, Fühlen und In-sich-hören ein.

- Haben Sie auch schon bemerkt, dass mit der Geschwindigkeitsreduzierung, Sie nicht zwangsläufig zum Verlierer werden?
- Wie wäre es, wenn Sie das „Langsamkeits-Prinzip" auf einige Bereiche ihres Lebens anwenden würden?
- Wie wäre es, wenn Sie ab und an einmal ganz langsam gehen?
- Wie könnte ein Stressszenario bei Ihnen aussehen und wie wäre es, wenn sie es jetzt ganz langsam in Zeitlupe abspielen?

Kinder bemerkten als die Ersten, als die Geschwindigkeit erhöht wurde. Denn höhere Geschwindigkeit lässt die Herzen verschwinden, wie Michael Ende Momo sagen lässt.

Ist eine Qualität des Staunens und Entdeckens in der heutigen Zeit, wo die Antwort oft ungewiss ist und nur kurz Bestand hat, nicht überlebenswichtig, fragte Tilapia. Schaue diese Kühe an, die liegen und kauen, kauen wieder, kauen wieder, kauen wieder. Wo bleibt Zeit zum Wiederkäuen und Verdauen, wenn die Kühe nur hasten?

Weshalb richten sich Menschen keine „Wiederkau-Wiesen" ein?

Wertschätzung, Zuwendung, Bedürfnisse und Anerkennen des anderen, sind wesentliche Antriebe des Menschen. Fragen vermögen diese Qualitäten zur Sprache zu bringen. Fragen vermögen einen Menschen einmal die Welt des anderen und das eigene Selbst zu öffnen. Fragen bewirken Wiederkauen. Und Wiederkauen macht das Aufgenommene verträglicher. Es wird nochmals in Ruhe aufgenommen.

- Wo ist der freie Zeitraum zum Wiederkauen, wenn der ganze Tag bis ins Detail geplant ist?
- Wie fühlen Sie sich einem fragenden Menschen zugewandt?

Kinder besitzen die Fähigkeit des Staunens noch unverstellt. Sie suchen immer neue Dinge zu erfassen oder Dinge wieder neu zu erfassen. Dabei scheinen Sie ganz im Augenblick. Sie sind nicht in dem Vorher und sie sind nicht im Nachher. Sie sind im Nu. Sie sind verblüfft, überrascht und können jedes Jetzt staunend annehmen. Auch große Künstler und Menschen haben sich diese Qualität erhalten. Monet malte die Seine und die Blumen in seinem Garten ein Leben lang und entdeckte diese täglich neu.

Die Fähigkeit des Staunens verschwindet oft, wenn wir Älter werden. Dabei beginnt bei vielen Menschen das Älterwerden schon mit 5 Jahren. Liegt es an dem Eintritt in die Vorschule? Zahlreiche „Dressurmaßnahmen" der

Erziehung, soziale Prägungen und eigenes Vernebeln, legen einen Grauschleier darüber. Staunen sei ein Indiz für Unbildung und mangelnde Denkfähigkeit und ist schlichtweg kindisch! Frage nicht so dumm!
Die Welt der Wunder wird entzaubert, Sophies und Momos Welt ebenso wie das Wunderland von Alice. Die Welt wird erklärt und erklärt und erklärt und erklärt. Und je mehr wir erklären, desto mehr zweifeln wir und zweifeln wir und zweifeln wir und zweifeln.

- Wie können Sie die kindliche Welt des Staunens erhalten oder wieder entdecken?
- Was sind Ihre Nebel?
- Was wäre, wenn Sie an ihre Nebel des Alltags fünf Fragen stellen würden?
- Was würde sich ändern, wenn Sie statt Ratschlägen Ihren Mitmenschen bei Schwierigkeiten Fragen stellen?

Freiheit

Nur wenn der Mensch sich die Freiheit aktiv nimmt, wird er seine Potentiale ausschöpfen können. Notwendig ist zuerst die Freiheit der Entscheidung, aus der die Freiheit des Handelns folgen kann.

- Wie wäre es, wenn Sie sich entscheiden, etwas Bestimmtes jeden Tag eine halbe Minute zu tun?

Tun Sie es nur eine halbe Minute. Entscheiden Sie sich jeden Tag neu dafür. Es sollte etwas Einfaches und eine Kleinigkeit sein.

Camus formulierte seine Sicht von Freiheit am Beispiel der Sisyphos-Sage: Dieser hat die Freiheit der Entscheidung, ob der Stein bergab rollen soll oder er diesen nach oben schiebt.
Menschen scheinen sich oft schwer zu tun, diesen „Sisyphos-Freiraum" und die sich daraus ergebende Freiheit der Möglichkeiten des Handelns zu sehen und zu nutzen.

- Ob Sie Ihre Erfolgs-Treppe hinauf gehen oder hinab steigen, wer hat das entschieden?
- Welche Möglichkeiten für Ihren Lebenserfolg ergäben sich, wenn sie jetzt entscheiden, in die andere Richtung zu gehen?
- Wo sind die Klebebänder an Ihnen befestigt, die Sie zurückzuhalten?
- Wie wäre es, wenn Sie eine große Schere von diesen Klebebändern befreien würde?
- Wie ginge es Ihnen dann?
- Wie sähe ihre neue Freiheit aus?

Viele Menschen warten bis ein äußeres Ereignis den Krug zum Zerbrechen bringt. Es ist manchmal eine unbequeme Erfahrung. Doch um zur Welt zu kommen, muss das Kücken die Schale aufbrechen.

Ausrichtung

Ohne zu wissen, wo die persönliche Reise hingeht, werden Menschen ungeordnet durch die Welt laufen. Eine Möglichkeit persönlichen Unsicherheiten zu begegnen ist, sich Ziele zu setzen. Sie nehmen diesen Gefühlen die Eigenmacht. Die Objekte der unbewussten Begierden können sich nicht mehr unkontrolliert ihren eigenen Weg suchen. So gewinnen Menschen Sicherheit, die in das Umfeld strahlt und von dieser Umwelt wieder zu Ihnen wie ein Echo zurück geworfen wird.

- Wissen Sie, wo Sie hin wollen?
- Weshalb befassen Menschen sich gern mit Zielen, obwohl das Gros der planenden Menschen dieses regelmäßig verfehlt?

Menschen hasten oft nur von einem Punkt zum Nächsten. So bleibt das Leben eine Patchwork-Arbeit ohne die Verbindung zu sehen.

Tilapia verglich den Weg zum Ziel gerne mit dem Aufstieg auf den schiefen Turm von Pisa. Er steht schief, so dass man im Aufstieg bei jeder Umrundung den Eindruck hatte im Hinaufsteigen wieder ein Stück hinunter zu laufen. Er ist wie eine schräg gestellte Spirale.

- Wenn Sie sich Wachstum als Kurven vorstellen, wo sind Sie gerade auf dieser Wellenlinie?
- In welche größere Kurve dahinter ist das

augenblickliche Geschehen eingebettet?

- Was wird Ihre künftige Aufgabe sein, wenn Sie das Ziel erreicht haben?

Das Ziel folgt auf ein bewusstes oder unbewusstes Handeln hin. Damit ist etwas erfolgt und Sie haben, so Sie es erreicht haben, einen Erfolg. Wir könnten auch formulieren, Sie haben auf alle Fälle einen Erfolg, nur hat dieser bei Nichterreichen des Zieles ein negatives Vorzeichen oder führt in eine ganz andere Richtung.

- Was könnte sinnvoll daran sein, sich mit etwas, das mit hoher Wahrscheinlichkeit nicht eintritt, zu beschäftigen?
- Ist das herkömmliche Zielmarketing eher ein Rückzugsraum, nichts unternehmen zu müssen?

Menschen planen Tag aus und Tag ein. Und wenn sie gestorben sind, hat es ein zumindest irdisches Ende.

- Planen Menschen deshalb so gerne, weil sie sich da im guten Glauben des Möglichen sonnen und keine körperliche Aktion durchzuführen haben?

Tilapias Lieblingsfragen waren in diesem Zusammenhang:

- *Wie komme ich nach der Zielerreichung heraus?*
- *Hänge ich nach der Zielerreichung in den Seilen oder habe ich mehr Energie als am Beginn des Weges?*

46

- *Wie bringe ich mein Herz in die Planung mit ein?*
- *Wie hat das Ziel und die Aktion auszusehen, wenn es meinen Werten entspricht?*
- *Wie wäre es, wenn wir den Weg zum Ziel rückwärtsgehen würden, um zu verstehen?*
- *Wie könnte das Denken an das Ziel zu einer Wirkung in der Gegenwart für die Zukunft werden?*
- *Um das zu werden was Sie nicht sind, müssen Sie auf dem Weg gehen, wo Sie nicht sind.?*
- *Wo sind die Bereiche, die Sie nicht verändern können?*
- *Was kann ich für die Nichterreichung des Ziels tun?*
- *Was nützen die Felsen auf dem Weg zum Ziel?*
- *Was ereignet sich nicht, wenn ich mein Ziel nicht erreiche?*
- *Müssen Sie alle persönlichen „Schadstoffe" selbst bereinigen, um zum Ziel zu kommen?*
- *Welche Szenarien ergeben sich für den Weg aus der Betrachtung vom Ergebnis her?*

Zielgerichtet handelnde Menschen werden weniger von Angstgefühlen befallen. Wenn Weg und Ziel in jedem Augenblick des Handelns bewusst ist, bleibt nur wenig Raum für Angstgefühle. Hier sind nicht reale Ängste gemeint, sondern Ängste, die aus den Ungewissheiten geboren, als frei vagabundierender Gefühle ihre Objekte suchen.

Ängste vor Einschränkungen im Leben oder sich selbst können zum Beispiel sein, sich bei einer Rede zu blamieren oder den roten Faden zu verlieren. Das ist natürlich, solange sie von keinen unrealistischen Annahmen ausgehen.

Mit diesen Ängsten und Bedenken umgehen zu lernen, ist ein wesentliches Thema des integrativen Selbstmanagements.

Es ist eine der unweisesten Meinungen im Management, dass Angst oder Druck ein guter Motivator seien.

- Wie könnten Sie einen angstfreien Raum für sich gestalten und einrichten?
- Welche konkreten Aktivitäten wären dazu notwendig?
- Welche Haltungen würden fördern, sich aufgehoben zu fühlen?
- Wie könnten Sie ihre Ausrichtung noch formulieren, damit sie ihre Weiterentwicklung fördert?

Axiome

Heinz von Foerster sagt, Axiome als Aussage aufgefasst, bedürfen weder eines Beweises, noch sind sie dessen fähig. Sie sind wie Spielregeln, denen man folgen und ganze Systeme aus diesen Spielregeln entwickeln kann.

Tilapia meinte, Axiomatik sei eine Kunst zu erfinden und zu konstruieren. Wenn etwas nicht funktioniert, berechne eine Regel, die das Thema löst.
Stell dir vor, das ist wie wenn die Probleme alle nur Ausreden und Erfindungen sind und nicht im schopenhauerschen und kantschen Sinn Gegebenheiten. Der Erfinder sagt, ein Problem ist kein Problem. Ich erfinde Ideen zu einer Lösung. Manchmal ist es notwendig eine neue Sprache und Grammatik zu(er-) finden, das wäre die Verneinung eines Axioms, das von allen anderen unabhängig ist und so zu einer neuen Welt führt.
Tilapia legt in seinen Unternehmen großen Wert darauf, dass die Führungskräfte und Mitarbeiter, wenn sie mit einer Annahme nicht weiter kommen, neue Axiome denken. So haben seine Unternehmen unzählige neue Ansätze und Möglichkeiten gedacht. Und seither verwenden seine Angestellten weniger Zeit darauf, zu beweisen, dass Es nicht funktioniert oder für Es nach Bestätigungen für Ihre Manifestation zu suchen.

- Was wären für Ihr effektives Selbstmanagement motivierende Axiome, um auf den Sprossen Ihrer Lebensleiter mit Leidenschaft weiter zu steigen?

- Wie würde es sich auf Ihr Leben auswirken, wenn Sie nach diesen Axiomen entscheiden würden?
- Wie ist die geeignete Sprache zu ihren neuen Axiomen?
- Ist eine andere Grammatik notwendig, die regelt und verbindet?
- Was wäre, wenn Sie statt des Problemaxioms ein Lösungsaxiom erfinden?
- Wie würde auf der Bühne sich mit dem neuen Lösungsaxiom ereignen?

Veränderung

- Gibt es Leben ohne Veränderung?
- Egal wie Sie geantwortet haben, wie sieht das konkret aus?

Wenn Selbstmanagement aktives Leben, Asueinandersetzen und Kommunizieren bedeutet, dann lebt nur der Mensch, der geht, weitergeht und weitergeht und weitergeht. Menschen, die sich nicht bewegen erscheinen Tilapia, wie Menschen in einem Zug, die glauben zu fahren. Derweil verharren Sie am Bahnsteig in ihrem Zugabteil und Blicken aus dem Fenster auf den fahrenden Zug auf dem benachbarten Gleis.

- In welchem Zug sitzen Sie?
- Können Sie, ohne sich zu bewegen, einen anderen Bezugspunkt bekommen?

- Wie wäre es, wenn Sie auch den fahrenden Zug verlassen und nicht in den Gleisen fahren?

Selbstmanagement bedeutet, sich zu bewegen, neue Gleise zu legen und zu verändern. Allein einen anderen Standpunkt einzunehmen, bedarf einer zumindest geistigen Bewegung.

- Welche Erwartung haben Sie an sich, wenn Sie sich entscheiden, selbst zu managen?
- Was könnte eine Belohnung sein?

Grundsätzlich streben Menschen eher einen Zustand des Gleichgewichts und der Ruhe an. Diese Trägheit gilt es zu überwinden, um sich zu entwickeln.

- Wie könnte Weglassen von Etwas eine Veränderung bei Ihnen bewirken?
- Wie können Sie durch Hinzufügen von Etwas einen Wandel erreichen?
- Welche Energien brauchen Sie für die Umsetzung?
- Welcher zeitliche und soziale Raum ist einzurichten?

Viele Menschen machen immer wieder die Erfahrung, dass Vorsätze und Pläne entwerfen leicht, die Umsetzung jedoch schwer erscheint. Innere Akteure bremsen den Veränderungswillen aus. Dabei nehmen Menschen Druck, Schmerz, Angst und viele Formen von weiterem Leid auf sich, nur um eisern verharren zu können.

Erinnerst Du dich an den Streit mit Genaro über die Zubereitung von Vongole? Ist doch auch ein Streit nur durch Nähe möglich, denn wie sollte der Mensch die Wucht des Streits erleben, wenn er sich der Furie nicht in der Nähe befände oder den Affekt erfühlen könnte. Andernfalls wirst wie Vincenzo allenfalls „ma" sagen und gehen. Was ich damit in diesem Zusammenhang meine, schmunzelte Tilapia, ma...

- Wie könnten innere Werte und Haltungen Auswirkungen auf Veränderung haben?
- Wie oft gehen Menschen immer denselben Weg zum Brunnen und holen immer wieder Dasselbe mit demselben Gefäß?
- Wenn Sie an sich denken, was lässt Sie in manchen Situationen so statisch werden?

In vielen Fällen ist ein „Stein des Anstoßes" von außen nötig, um den Krug durch Fall und Aufschlagen zum Bersten zu bringen. Es erinnert, wie schon oben zitiert, an die Romanfigur Demian bei H. Hesse: „Das Küken kommt zur Welt, indem es die schützende Schale zerhackt."

- Welche Schale müssen Sie zerhacken, damit Sie (wieder) zur Welt kommen?
- Wie schaffen Sie ein tägliches „wieder zur Welt kommen"?

Da Selbstmanagement nicht im Außen stattfindet, sondern aus dem Innen kommt, findet der Mensch auch seine „Schalen" und Mauern, die zu überwinden sind, nur im Hineinschauen.

- Was umschließen „Ihre Krüge"?
- Wie sehen Ihre Mauern aus?
- Ist ihr Körper schon eine versteinerte Mauer oder strahlt er Bewegungswillen aus?

Selbstverständnis und Glaubwürdigkeit des Menschen wird von seinem Menschenbild bestimmt. Dieses Konstrukt gilt es zu erkennen, zu verstehen und anzunehmen. Im Spiegel des Anderen, vermag der Mensch sich zu sehen. Sein Gegenüber spiegelt ihm sein Anderssein zurück. Diese Auseinandersetzung bewirkt Klarheit und lenkt den Blick auf die innere Kraft die Veränderungen ermöglicht.
Theresa von Avila aus Spanien formulierte ca. 1540 in einer Ihrer Schriften, dass man auf das achten solle, was man verändern kann und das als gegeben hinzunehmen, was der Mensch nicht zu verändern mag.

In-Nichts-Explosion

Tilapia hatte sich seinen kindlichen Spieltrieb bis heute erhalten. Aus einem Seminar hatte ich eine Handvoll Luftballons übrig. Tilapia blies einen Ballon auf. Der sieht aus wie die Schwimmblase eines Karpfens, lachte er.
Unvermittelt nahm er seinen Bleistift und stach in den Ballon. Es knallte laut und der Ballon war verschwunden.
Er lachte, sah ins Leere und rief aus: eine „In-Nichts-Explosion"!

- Kennen Sie auch aus Ihrem Leben Beispiele einer „In-Nichts-Explosionen"?

- Wann droht der Druck in ihren Lebenssituationen sich so zu erhöhen und wann platzt es oder sticht man in den „Ballon", so dass es in ihrem Leben knallt?
- Was ist dann nicht mehr übrig?

Veränderungen bedingt (Veränderungs-)Energie. In einer Firma kann diese Energie zum Beispiel mehr Arbeitsdruck, die Angst um den Arbeitsplatz, der Karrierewille, schnellere Abläufe in der Organisation, ein Wettbewerb oder Lob und Anerkennung sein.

- Was können diese Faktoren bei einem Menschen bewirken?
- Was ist, wenn der Druck zu groß wird?
- Was ereignet sich, wenn ein Schwung bei einer Achterbahn gebremst wird?

Beim geplatzten Ballon ist die Luft im Universum noch vorhanden und die Gummiteile des zerplatzten Ballons finden sich auch irgendwo wieder. Der bisherige Raum ist jedoch unwiederbringlich zerstört.

Ein englischer Kinderreim vom Humpty-Dumpty besingt das. Er wollte es auch nicht wahr haben, sinnierte Tilapia, als wir uns über eine notwendige Veränderung in seiner Firma in London bei einer Golfrunde von Leeds Castle unterhielten.

- Wie sähen nach einem Zerplatzen die sich neu formierenden Formen aus?

- Wenn Sie auf das Barometer sehen, wie steht es um den derzeitigen Druck in Ihrem persönlichen System?
- Welche Möglichkeiten haben Sie, um bei einer „In-Nichts-Explosion" einen Raum zu haben, der ein Weiter sichert?

Räume

Als Tilapia und ich in Avignon beim Theaterfestival am Abend durch die Stadt schlenderten fand er, dass die Gruppen nicht irgendwie standen. Die guten Spieler hatten immer ihren eigenen Raum für Ihren Auftritt. Es sind reale Plätze der Stadt und es entstehen virtuelle

Räume, der Menschen Platz gibt, sie anzieht und verharren lässt.

Die Schauspieler, die diesen Raum nicht schaffen können, sind bühnenlos, werden nicht bemerkt und sind nicht vorhanden.

- Kennen Sie Menschen, die nicht vorhanden zu sein scheinen?

Ohne einen Raum, entsteht kein Leben. Seit dem Homosapiens, haben die Menschen Plätze und Räume geschaffen, um dort zu leben. Sieh diese Stelzenläufer an, weshalb wird gerade der mit dem dunklen Hemd mit Blicken verfolgt und nicht der mit viel Geschrei um Aufmerksamkeit gierende Clown gegenüber, fragte mich Tilapia.

- Was wäre eine öffnende Geste, die Menschen Raum gibt?
- Wie können Sie Menschen einladen, in diesen Raum einzutreten.
- Wie hängt der innere Raum mit dem Äußeren zusammen?
- Wie steht es um ihren Raum?
- Wie sähe ein Raum für Räume aus, die keine Inhalte vermitteln?

Die Räume ermöglichen dem Menschen Leben und Kultur auszudrücken. Räume schaffen dem Leben Raum. Erst in dieser dritten Dimension erfahren Menschen Resonanz.

- Welche personale Kultur fördert Ihren äußeren Raum?
- Welche Selbst-Kultur ermöglicht Ihren inneren Raum?
- Was ist der Miet- oder Kaufpreis für den Raum?
- Wie erreichen Sie die Raumwirkung aus sich heraus?
- Wie erweitern Sie ihren inneren Raum in die Welt?

Wenn Menschen in Räumen zugleich sprechen, werden die Menschen darin mit der Zeit lauter und lauter. Am Ende brüllen viele. Alle wollen durchdringen, letztendlich durchdringt keiner. Es ist ein einziger konturloser Brei. Keiner scheint über eine trennscharfe Individualität zu verfügen. Und dennoch gibt es auch in diesem Geschrei Menschen, die durchdringen, ohne laut sein zu müssen.

Denke an die Bühnenarbeit in der Toscana mit Führungskräften, wie jeder seinen Part in der Firma auf der Bühne sprach und obwohl alle gleichzeitig sprachen, jeder mit seiner Stimme durchdrang, gab Tilapia zu bedenken.

- Wie verliert sich die Einzigartigkeit der Menschen im Raum?
- Wo sind die Facetten der Vielfalt, die charakteristische Stimme und die bunte Farbenpracht, die der einzelne Mensch inne hat?

- Kennen Sie Menschen, denen in einer Runde ohne egomanische Selbstdarstellung (das meint ein weibliches oder männliches „Pfauenrad-gehabe") Achtsamkeit entgegengebracht wird?
- Wie kann ein Selbst ohne Lautstärke in der Menge wirken?
- Ist individuelles Bemerkt-Werden eher eine Frage der Phonzahl?
- Wie lärmen Sie, damit Sie bemerkt werden ohne zu lärmen?

Teil 2

Selbstmanagement als persönliche Entwicklung

Fast Food oder Slow Food

Tilapia und ich fanden bei einem Spaziergang in Bolgheri eine verwunschene Locanda. Es war November. Das ist eine leere Zeit, in der das Nichts lebt. Das Nichts, das Langsamkeit erst zu ermöglichen scheint. Ein Nichts jenseits der Langeweile. Ein Raum ohne Inhalt. Wir sitzen nur. Wir müssen nichts tun und haben Alles. Wir sind nur da, wie die kleinen Holztische, die wackligen Stühle das Ambiente, das den Raum bildet, der das Alles ermöglicht. Vor Tilapia und mir stehen zwei Gläser und sonst Nichts. Über den Häusern liegt Ruhe. Alles steht. Nichts drängt. Alles ist.

Das ist der Raum zum Träumen. Die Inhalte suchen den Dunst zu durchdringen, wie die Herbstsonne. Wir fühlten uns in das Alles eingewoben. Innen und außen schien nahtlos verbunden und doch klar abgegrenzt. Willensanstrengungen haben wir gelassen und alles aus der Hand gelegt. Wir folgen absichtslos der Innerlichkeit und dem Ort. Tiefe Bewusstheit stellte sich ein.

In dieser traumhaften Atmosphäre, im Zwischen von Innen und Erwachen, sind die Bilder der Innenwelten nah und wir erahnten, was im Innen unser Selbst an Schätzen noch verbirgt und aus dem schlafartigen Zustand in den beginnenden Tag hineinzuwirken sucht. Diese Schätze fließen langsam und leise in die Welt.

Es bedarf eines Ortes wie diesen, der uns feinsinniges Genießen und Wahrnehmen ermöglicht. Nur ein derartiger Raum ermöglicht verborgene Feinheiten, eigene Wahrheiten und Qualitäten zu verschmecken und zu erleben.

Es ist ein Ort des zur Weltkommens, erwachte Tilapia und fuhr fort, konnte doch nur in einer solchen Umgebung die Slow Food-Bewegung geboren werden? Hier ist gelebte Innwendigkeit und Langsamkeit. Hier hört man das Herz schlagen. Hier ist gelebtes Innen im Jetzt, erscheint der Mensch dem Nu nahe. Die filigrane

Struktur des zarten Grüns der Tamarisken gibt dem Licht Leichtigkeit.

Und Tilapia rezitierte leise und langsam Zeilen aus dem Buch von Salvador Dalí „Weine for Gala":

„Glücklicherweise steigt aus der Erde immer wieder Hoffnung auf, entsteht immer wieder ein mit Taugirlanden geschmückter Morgen, an dem die jungen Stöcke, vom ersten Mädchenlachen angespornt, ihre Trauben plötzlich ausrichten.

Die Freude und das Klappern der Lesescheren auf einer gestern noch verletzten Erde zu vernehmen, ist das sicherste Zeichen wiedergekommenen Friedens.

So blühen die großen Jahrgänge in den Flaschen wieder auf, reflektieren die Flakons von neuem die Geschichte; Geduld und Friede sind die Musen göttlicher Weine.

So trinke, mein Freund, niemals ohne Tugend!

Willst Du von einem „Grand Cru" nur mit der Zunge und dem Gaumen Besitz ergreifen und in seiner Begleitung einen klaren Kopf bewahren, willst Du ihn kosten, ohne gleichzeitig zu lieben, zu seiner Ehre nicht das sensuelle Bewusstsein Deines Körpers wecken, dann lauf zu einem Wasserhahn, für Dich reicht Wasser vollkommen!

Wenn Du aber zu einer Symphonie der Stille bereit bist, wenn Du ihn in den hintersten Winkel Deines Gehirns dringen lässt, wenn Dich ein einziger Schluck in Ohnmacht fallen lässt, wenn Du mit bewunderndem Staunen das Unnachahmliche entdeckst, dann ist mein Keller Dir offen!

Der Wein bleibt ein Zwiegespräch mit Deinem Bewusstsein, eine Gemeinschaft mit sich, denn ich kenne

Dich schon lange; ich habe Dich enträtselt, und ich begreife Dich mit ein."

Danach schwiegen wir in den späten Morgen.

- Wie gestalten Sie eine persönliche Landschaft, die Ihnen „Slow Food" ermöglicht?
- Umgibt Sie eine Kultur, die zum Verweilen einlädt?
- Wie könnte ein von Sensitivität und Transparenz getragener beruflicher Alltag aussehen?

Im Vorbeieilen und getrieben von Maximierungsgedanken werden Sie diese Räume an ihrem Weg nicht erkennen. Über Fast Food erschließt sich dieser Teil zwei des Selbstmanagement nicht.

Selbstmanagement auf der zweiten Ebene bedeutet ein klares Ja, sich zu verlangsamen. So entfaltet das bedachte und sinnliche Eindringen die Mystik des inneren Menschen. Diese Welt jenseits der profanen Notwendigkeiten nährt sich ausschließlich von innen heraus. Wir nähern uns Geheimnissen und durchdringen die Burgmauern zu inneren Höfen.

- Schwindet der Zauber, wenn wir ihn erklären können?
- Welche Geheimnisse wollen Sie behalten?

Die Langsamkeit ermöglicht das Hineinhören und Hören. So wird die Welt zum Resonanzkörper. Der Mensch wird Einklang und Schwingung mit Allem und dem Einen. Er erfährt die Kraft des selbstüberschreitenden Denkens. Das menschliche Handeln wird vermehrt von seinem inneren Gewissen geleitet. Das Herz bestimmt das Leben. Zunehmend wird der Mensch aus seiner inneren Quelle genährt.

Das ermöglicht eine lebendige Beziehung: im Privaten wie auch beruflichen Segment. Erfolg wird erst zum erfüllenden Erfolg durch Sinn und nährende Fülle.

- Wie erreichen Sie Resonanz in ihrem Leben?
- Wo kommt Ihr inneres Gewissen in den Alltag?
- Was ist das Nährende für ihr Wesen?

Hineinhören und Verschmecken

- Wo könnte Ihr Platz - Ihre „Locanda von Bolgheri" - sein, wo Sie die feinen Töne empfinden und hören können?

Um das eigene Selbst auf der zweiten Stufe des Weges zu „erschmecken", ist es erforderlich, in die innere Festung Ihres Selbst einzudringen. Der Mensch kann sich nur bereit machen, das zu empfangen und das Innere einzuladen, mit Sinngebung, Klarheit und Kraft zu antworten.

64

- Wie ist Ihr Ruheplatz eingerichtet?
- Wann besuchen Sie diesen Platz?
- Wie wäre es mit innehalten, wenn eine Glocke ertönt?

„Mein Haus ward schon zur Ruh` gekommen", dichtete im 15. Jahrhundert Johannes von Kreuz und meinte, dass er seinen inneren Raum erreicht hatte.
Diese innere Ruhe vermag zu entstehen, wenn der Mensch Klarheit in seinen eigenen Überzeugungen, Haltungen, Ausrichtungen und Wertvorstellungen fühlt.
Die Psycho-Logik des Menschen folgt anderen Gesetzen, als viele simple Regeln des Selbstmanagements versprechen.

Viele Methoden und Richtungen sind ausschließlich ein gigantisches „Son et Lumière"-Spektakel, erinnert sich Tilapia an den Besuch in der Cité von Carcassonne. Im Außen beeindruckend und auch wirkungsvoll beleuchtet. Wenn die Show gegen 23 Uhr vorbei ist, ist Nacht. Was nachleuchtet ist alleinig die Erinnerung aus dem Innen.
Die oberflächliche Empfindung läuft wie eine Welle des Ozeans irgendwo aus. Erinnerst Du dich noch an die Explosion ins Nichts?

In die innere Burg dringt das äußere Licht nur schwerlich ein. Ein inneres Feuer gilt es zu entzünden. Ist es entzündet, brennt es ohne zu verbrennen.

- Welches sind Bereiche, wo das Licht bei Ihnen vornehmlich von außen kommt?

- Wo brennt Ihr inneres Licht?
- Was sehen Sie, wenn Sie den Innenraum betrachten?

Der Mensch erschließt sich seinen Innenraum, indem er hörend eindringt und ihn zu erfühlen sucht. So vorwärtstastend kann der Mensch sich seinem inneren Strahl nähern. Um diese innere Weisheit wissend, entsteht die Leuchtkraft, die dem Menschen ermöglicht, sich dem Gegenüber und der Welt zu öffnen.

- Welche Weisheiten finden Sie in sich?
- Welche Gewissheiten eröffnet Ihnen dieses Bewusstsein?
- Wo erlebten Sie einmal ein Gefühl absoluter Geborgenheit?
- Wie wirkt ihr inneres Licht auf die Umwelt?

Wenn alles ausschließlich draußen wäre, dann wäre der Mensch lediglich ein Kopiergerät, das aufnimmt und abbildet, was draußen ist. Der Mensch wäre nur eine Kopie. Wo sollte da das Bewusstsein des Selbst sein? Geht man davon aus, dass alles im Innen ist, hat der Mensch eine unwahrscheinlich fruchtbare Quelle, die Kraft gibt. Es ist eine Quelle der Einzigartigkeit der persönlichen Schöpfung, die aus dem Menschen über diesen hinauswächst.

Werte

Tilapia fragt Menschen sehr oft, was Ihnen am Herzen liegt und wirklich wichtig ist. Vieles hört man schon, wenn man das Implizite und das zwischen den Zeilen Stehende hört.

- Wo ist ihr Sinnesorgan, das das Implizite hört?

Werte scheinen dem Menschen eine Art Brennstoff zu sein. Zahlreiche Programme und vernünftige Vorsätze greifen nicht, so es dem Menschen nicht wichtig erscheint. Vieles wird getan, weil es der Geschäftsplan einer Institution vorschreibt. Das Herz vieler Menschen schlägt nicht bei dem, was sie tun.

- Wie können diese Menschen so glücklich und begeistert handeln, wenn ihnen die Innergie fehlt?

Dabei meint Innergie die Kraft, die ausschließlich aus dem Innen kommt.

- Wie wäre es, sich einmal eine Stunde Zeit zu nehmen und sich eine Liste von all den Dingen und Qualitäten zu machen, die einem am Herzen liegen und wirklich wichtig sind?

Beantworten Sie die drei Fragen und notieren Sie mindestens 15 Stichpunkte:

- Was ist Ihnen wichtig?
- Was liegt Ihnen am Herzen?
- Wofür brenne ich?

Werte ändern sich im Leben.
War für Sie in den ersten Lebensjahren das rote Dreirad oder ein Kuscheltier, wie mein Bonzo wichtig, wurde es später vielleicht ein Feuerwehrauto, eine Puppe und dann ein Sportwagen. Oder es ist Ihnen die Natur wichtig, so werden Sie versuchen diese zu schützen oder in Ihr spazieren zu gehen. Vielleicht suchen Sie sich gar einen Beruf, wo Sie der Natur nahe sind.

Sie werden, wenn Sie Menschen beobachten und zuhören, erkennen, dass es viele verschiedene Facetten an wichtigen Dingen für Menschen gibt.

- Haben Sie einmal ausprobiert mit den Menschen über das zu sprechen, was dem Gegenüber wichtig ist?

Als ich mit Tilapia in Südfrankreich in Cucuron in einem kleinen Restaurant am Etang saß, blickte er auf ein Pärchen, das vor etwa 20 Minuten mit einem roten Sportwagen gekommen war. Es fiel auf, weil sie das Auto direkt bei den Stühlen und Tischen geparkt hatten. Als man uns gerade den Hauptgang des Menüs brachte, waren sie schon wieder fertig. Tilapia meinte, es gibt Menschen, die lieben das Auto und essen fast (Food). Und es gibt Menschen, die lieben Essen, atmen den Duft des Weines ein, haben die Zeit, die sie brauchen und fahren ein Gefährt.

Werte sind wie Orientierungsmarken, die menschliches Verhalten steuern.

- Welche Werte mögen wohl dem „roten Auto-Pärchen" wichtig gewesen sein?
- Wie kommen Sie dazu etwas für wertvoll zu halten?

Wert ist auch das Ergebnis einer Messung. Sie leiten durch Entscheidungen, können Kraft geben und schwächen. Werte bestimmen das Verhalten der Menschen meist unbewusst. Werte hauchen der Rationalität Begeisterung und Leben ein. Ohne Werte erfüllen Menschen nur eine Pflicht. Werte sind wie die frische Luft am Morgen.
Werte sind auf der Ebene der Überzeugungen für die Person als Ganzes bezeichnend und dringen in die Ebene der Haltungen vor, bilden Lebenseinstellungen und durchdringen alles, was wir tun, denken, fühlen und erfahren. Sie wirken auf die Grundfarbe unseres Charakters und bestimmen auf der Ebene der Haltungen Stil und Weise der Lebensäußerung.
Werte werden im Ich definiert.

- Wo können Sie Auswirkungen oder Einwirkungen in Verbindung mit Ihren Werten bei sich feststellen?
- Wie sähe Ihr Leben aus, das Sie im Wesentlichen

nach Ihren Werten ausrichten?
- Wie sehen die beruflichen Werte aus und in welchem Verhältnis stehen diese zu Ihren privaten Werten?

Werte üben Steuerungsfunktion aus und haben Zielqualität. Werte geben dem Menschen Struktur und Halt. Sie wirken als Geländer und Leuchtfeuer. Sie sind Ihr moralischer Standard und geben Ihrer Person neben anderen Haltungen das Rückgrat in unsicheren und bewegten Gewässern.
Menschen, die sich nach Werten orientieren, wirken klar und stringent. Diese Menschen scheinen bei sich zu sein.

Meist ist bei plötzlichen Affekten von Menschen einer Ihrer persönlichen Werte verletzt worden. Diese Werte bestimmen in welches Restaurant Sie zu essen gehen, welche Hemden- oder Blusenfarbe Sie kleidet oder welche Zeitungen und Bücher Sie lesen.

- Wie kleiden Sie sich?
- Wo gehen Sie zum Essen hin?
- Wie sieht Ihr Freundeskreis und Bekanntenkreis aus?

Tilapia achtete in seinen Unternehmen darauf, zu erfahren, was den Menschen wichtig sei. Er verlangte, dass seine Führungskräfte sich mit den Werten seines Unternehmens identifizierten. Schafften bei ihm Menschen das Ziel nicht, aber die Unternehmenswerte spiegelten sich in ihren Haltungen, gab er diesen weiter ein Chance und unterstützte sie. Führungskräfte und Mitarbeiter, die zwar die Ziele erfüllten, aber keine Unternehmenswerte lebten, tauschte er konsequent aus. Er war der Überzeugung, dass Commitment von Mitarbeitern nur möglich ist, wenn diese die Werte des Unternehmens mittragen und sie die Werte des Unternehmens in sich integriert haben. Und bei Führungskräften, die sein Unternehmen repräsentierten, legte er noch engere Maßstäbe an.

- Wie steht es mit den Werten in den Bereichen Beruf/Karriere, Beziehung, Geld, Gesundheit, persönliches Wachstum, Veränderung, Glaube und Überzeugung, Frustration, Familie, Fitness?
- Sehen Sie eine Reihenfolge und Hierarchie bei Ihren Werten in den einzelnen Bereichen?
- Wie sehen Ihre nächsten Entscheidungen aus, die anstehen?
- Wie wäre es, wenn Sie ihr Leben nach diesen Werten ausrichteten und auch im kleinsten Detail danach handeln würden?

Indem Sie bemerken, was Sie steuert, werden Sie zunehmend sich selbst bewusster. Das ist Selbst-Bewusstsein. Sie werden bemerken, weshalb Sie gerade mit bestimmten Menschen besonders gut auskommen und mit wieder anderen Menschen weniger enge Beziehungen haben.

- Was ist den Menschen wichtig, mit denen Sie nicht so gut auskommen?

- Haben Sie bei diesen Menschen schon einmal hinterfragt, was diesen Personen wichtig ist?
- Was meint die andere Person mit dem, was ihr wichtig ist, genau?
- Welche Ihrer Werte dynamisieren Ihre Träume und Ziele?
- Welche Werte geben ihnen in verschiedenen Bereichen besonderen Handlungsantrieb?

Herz

- Was fällt Ihnen bei diesem Wort ein?

Tilapia, sprach oft vom Herz seiner Firma. Und er sprach sehr emotional über dieses Herz. Es liegt ihm am Herzen, dass seine Mitarbeiter und die Menschen, die mit ihm zu tun haben, dieses Herz spüren. Oft sagte er mir: Du musst auf den Herzschlag des anderen Achten. Ist es nicht das Organ, das Leben spendet? Ihm wird Rot als Farbe der Emotion zugewiesen. Das Herz ist der Kern aus dem das Selbst geboren wird. Im Herzen brennt die Sehnsucht und entsteht das glühende Verlangen.

- Wie sieht eine Beziehung aus, in der kein Herz schlägt?

Ohne Herz scheint eine gute Beziehung zu anderen und zu sich selbst, schwer vorstellbar.

- Wer pumpt den Lebenssaft durch Ihren Körper?

- Kennen Sie herzlose Menschen?
- Wie sehen diese aus?

Ohne Herz bleibt das Selbstmanagement ein technokratischer Vorgang. Es ist wie Laufen auf dem Laufband im Fitnessstudio. Beschränkt auf körperliche Ertüchtigung. Oder ein Zeitmanagement, das keine Gewichtung für das Wesentliche und Leben zulässt.

Fehlendes Herz schließt Erfolg nicht aus. Es ist jedoch kein „herzlicher" Erfolg der tiefere und sinngebende Emotion schenkt. Er hinterlässt auf Dauer ein Gefühl der Leere und der inneren Verunsicherung.

- Wie sieht Erfolg aus, der sich nicht über den Besitz definiert?

Das Herz, als Lebensmotor, Kern, Lebenszentrum und Symbol unseres emotionalen Zentrums für Liebe und Beziehung sei Mittelpunkt der nächsten Fragen.

- Was spüren Sie im Herzen?
- Was ist Ihr Herzensthema?
- Wie wäre es mit dem Herz mit anderen Menschen zu sprechen?
- Spüren Sie Ihren Atem, wenn es um Herzensangelegenheiten geht?
- Wie wäre es, den Atem zu vertiefen (in den Bauchraum), während Sie an Ihr Herzensthema denken?

- Wie fühlt sich an, wenn Sie so mit dem Herzen verbunden auf andere Menschen zugehen?
- Wo und für was brennt Ihr Herz wie der Dornbusch, ohne dass Sie selbst verbrennen?
- Sprechen Sie mit dem Herzen?

Herzensweisheiten kennen keine monopolare Organisation. Sie zirkulieren zwischen vier Dimensionen: zwischen Egozentrik und Alterozentrik und zwischen Egoismus und Altruismus. Das Herz vermag Erkenntnis, Dulden, Handeln und Liebe zu dynamisieren.

- Zu welchem der drei Pole Erkenntnis, Dulden und Handeln oder Liebe zieht es Sie mehr?
- Wie ist es, wenn Sie das Herz als Verbindungsstoff dazu nehmen?
- Spiegeln Ihre Werte auch Herzblut?
- Wo fließt ihr Herzblut wirklich?

Vision

Zielplanung ist wichtig und notwendig. Ziele wurden schon im ersten Teil diskutiert. Jetzt wollen wir die Zeitspanne in die Zukunft weiter ausdehnen. Viele Menschen hangeln sich, ähnlich einer Biene, deren Horizont nur die nächste Blüte erspürt, von Ziel zu Ziel.

- In welchem Ganzen sind Ihre Ziele und Ausrichtungen eingebettet?
- Wie ist ihr Traum, wenn Sie ihn beschreiben?
- Wo kommt Ihr Hiersein her?
- Wo ist Ihr Himmel, der sich darüber wölbt?
- Welche Emotionalen Begriffe beschreiben ihren Blick am ehesten?

Leben besteht einmal ganz pragmatisch aus Worten, Taten und Dulden. Auf der anderen Seite berührt uns eine darüber hinausreichende Welt. Beides ist in unserem Selbst vereint.

- Doch was treibt uns nach vorne?
- Was lässt uns hoffen, lieben und gibt uns ein Mehr?

Ziele sprechen den pragmatischen Teil des Selbstmanagement an. Visionen hauchen diesen Ausrichtungen leben und Geist ein, damit Sie dafür auch brennen.
Die Vision ist latent durch unsere innersten Wünsche schon vorhanden und wird entfaltet und entwickelt. Sie ist wie der Sonnenschein, die auch hinter der Wolke strahlt. Menschen sind Selbst-Entwickler Ihres Selbst. Aus diesen inneren Haltungen und Wünschen strömt die Energie, die es zu extrahieren und frei zugänglich zu machen gilt. So ist der visionäre Blick der ganze Himmel, während das Ziel die Welt durch einen Strohhalm betrachtet. Die Vision strahlt auch, wenn einmal Wolken vorbei ziehen. Sie ist gleich der Sonne immer da.

- Was sehen Sie, wenn Sie weit über das nahe Ziel hinaus sehen?
- Worauf kommt es Ihnen im Leben wirklich an?
- Wo wollen Sie wirklich im Leben sein?

Ziele sind wie Uhren. Sie ticken im Außen.

Visionen sind wie Wolken. Wie diese sind sie ein schwer greifbares Phänomen. Sie hüllen uns ein, bringen Leben in Form von Regen oder Tau; eine gigantische Dimension, die Beruf, privates Leben, die finanzielle Situation, die Umwelt, ja das Universum betreffen können und nicht zuletzt uns selbst, meinte Tilapia und sprang, wie es seine Art war unvermittelt in ein neues Bild:

Als ich früher mit meiner Großtante und meinem Großonkel Wanderungen in der fränkischen Schweiz unternahm, blieben wir oft stehen, sahen zum Himmel und verglichen die Wolken, die im einen Augenblick eine Fee waren und im nächsten Moment ein Pudel, der wiederum ausfranste, sich transformierte, um in neuer Gestalt wieder zu erscheinen.

Wolkenbildern schreiben wir etwas zu, das einer Form ähnelt, die in unserer inneren Erfahrung abgespeichert ist. So entsteht ein Zusammenhang zwischen innerer Erfahrung und der Welt, in der wir leben, sagte Tilapia. So wenig wie wir diesen Bildern habhaft werden können, entstehen sie doch immer wieder neu, ziehen weiter, lösen sich auf indem die Wolke sich als Regen oder Tau materialisiert.

- Wo sind Ihre Regenwolken und der Tau, die die Ziele bewässern?
- Wo sind die Wolken, die hohe Energie haben, da sie gasförmig und strukturlos sind?
- Sind Ihre Ziele eher flüssig und fließend?
- Sind Ihre Ziele so klar strukturiert, dass sie kaum Spielraum erlauben vor lauter Stabilität?

Pflanzen haben so lange Bestand, wie Energieaustausch in Form von Sauerstoff und Licht besteht. Dieser Austausch wird ermöglicht, weil ein Nichtgleichgewicht besteht. Die Pflanze braucht etwas, was Sie nicht hat. Um hier einen Ausgleich zu schaffen, öffnet sie sich zum Licht hin.

- Wie wollen Sie Energie für größere, wert- und sinnvollere Dimensionen bekommen, wenn Sie wie eine Biene nur immer von einer Blüte zur nächsten denken?

Die Vision ist das Traumbild in der Ferne. Aus diesem Bild leiten sich die konkreten Schritte und Ziele ab, die Sie zu Taten inspirieren und bewegen. Andernfalls wäre es nur eine Illusion, wie das Täuschungsbild einer Fata Morgana oder ein flügelloser Schmetterling.

- Wie wollten Sie Ihre volle Energie aktivieren, so Sie sich nur auf das Machbare konzentrieren?
- Wie sind im Vergleich Menschen, die einen ins Unendliche reichenden Blick haben?
- Erreichen Menschen das Großartige, wenn Sie die gleichen bleiben?
- Können Sie äußere Visionen aufbauen, ohne eine Vision der Größe und Meisterschaft von sich selbst zu haben?
- Haben Sie einmal in die Augen eines Menschen wie eines Senners oder Fischers gesehen, der in die Ferne blicken gewohnt ist?

Visionen begeistern Menschen. Sie lassen keinen Raum für Gedanken des Scheiterns. Sie geben Sinn und schenken das Vertrauen in der täglichen polarisierenden Welt sich dennoch aufgehoben zu fühlen.

Wie ein Baum zur Sonne wächst und „weiß", dass er diese nie erreichen wird, so ist eine Vision wie die ferne Sonne zum einen ganz konkret und doch blicken die Augen weiter als der Mensch greifen kann.

Aus diesem Paradox vermag die Spannung zu entstehen, die den Menschen weiter treibt und auf etwas Großes zustreben lässt.

- Worauf sind Sie stolz, was können Sie gut?
- Was sind Ihre Träume, Wünsche und Ideen für Ihr Leben?
- Welche Bilder passen dazu?
- Wie würden Sie das aufmalen?
- Wenn Sie in 4 Jahren einen Traum verwirklicht hätten und Sie ein Reporter ansprechen würde, welche Geschichte würden Sie dann erzählen?
- Welche Personen umgeben Sie in 4 Jahren, wo sind Sie, wie fühlen Sie sich?

<u>Zurück zum Heute:</u>

- Was müssen Sie unternehmen, um ihren Traum zu realisieren?
- Was wäre der erste Schritt?
- Was sind die nächsten Meilensteine?

Saint-Exupéry schreibt, „denn es ist die wunderbare Landschaft, die nicht dich selber, sondern ein verwandeltes Ich beherbergt."

So regt eine Vision an, dass der Mensch selbst wächst und sein „Ich" verwandelt. Vision ist Leben und wie jedes Leben entwickelt sich die Vision, indem der Mensch weiter geht. Das Bild ruht lange im Menschen und eines Tages ist es ausgetragen und kommt zur Welt, klar und die Kraft ist so stark, dass es in die Welt bricht und nichts mehr halten kann.

- Haben Sie Ihre Vision zu Papier gebracht?
- Haben Sie eine Entscheidung gefällt, diese Vision zu realisieren?
- Wie lautet ihre Geschichte?
- Haben Sie sich den Freiraum geschaffen und von Ballast getrennt, damit die Vision zur Welt kommen kann?

Eine Vision wirkt selbstreflexiv, indem die Betrachtungen und Entwürfe der Bilder den Menschen zu sich selbst zurückführen. Aus einer unscheinbaren Larve wird eines Tages ein schöner Schmetterling, der mit Leichtigkeit in die Welt fliegt.

- Wann beginnen Sie zu fliegen!

Wanderung

Nach einem Seminar im Ausland hatte ich mich mit Tilapia verabredet, um in einer schönen Gegend noch eine längere Wanderung zu unternehmen. Es hatte sich noch ein Freund angeschlossen.

Tilapia meinte als wir gegen Abend an eine Weggabelung kamen, „der eine Weg führt nach Osten, wo die Sonne herrlich ihr Licht in den Tag sendet, leuchtend, hell und klar, die Landschaft durchwärmend. Der andere Weg führt nach Westen, wo die Sonne jetzt stand und ihre Strahlen die Landschaft in ein leuchtendes Blaurot färbte. So standen wir geblendet von der Schönheit und wussten nicht rechts noch links, denn beide Wege führten zur Sonne.

Tilapia entdeckte eine kleine Hütte, aus der leichter weißer Rauch aufstieg. Wir näherten uns der Hütte und klopften und traten durch die halb geöffnete Tür in das Halbdunkel eines kleinen Raumes.

Neben dem kleinen Herd am Boden, saß eine dunkel verhüllte Gestalt am Boden.
Vor ihr stand eine große Teeschale, in die die Person weiter blickte.
Wir grüßten in die Stille.
Die Gestalt deutete uns wortlos, dass wir uns auf den Boden setzen sollten, stand auf, holte aus einem Regal drei größere Schalen, ging zum kleinen Ofen, auf dem eine Teekanne stand, füllte die 3 Schalen mit Tee, stellte diese vor uns auf den Boden, setzte sich wieder stumm auf ihren Platz und blickte wieder in Ihre Schale.

Wir sahen uns an, sagten nichts, ließen uns nieder, denn wir waren froh nach der langen Wanderung uns ausruhen zu können.

Neugierig, was es in der Schale zu sehen gäbe, taten wir es der Gestalt gleich und starrten auch in unsere Tassen. Der Tee schwappte unruhig durch das Einschenken und Abstellen. Es sah so ähnlich aus, wie wenn ein ins Wasser geworfener Stein seine Kreise aussendet und vom Ufer die Wellen wieder zurückgeworfen werden.

Wir wurden müde, so dass uns die Augen zufielen und ich schlief wohl tief ein.

Ein Geräusch vor der Hütte ließ mich aufschrecken. Es begann zwischenzeitlich schon hell zu werden und ich blickte verdutzt um mich, nicht gleich wissend wo ich war und dass die Nacht schon vergangen war.

Erst als ich die Gestalt am Boden neben meinen Freunden sah, die anscheinend die ganze Nacht in seine Schale vertieft war, erinnerte ich mich.
Die Gestalt blickte wie auch meine Freunde unbeweglich weiter in die Schalen.
Ich richtete mich auf und sah ebenfalls wieder in die Schale hinein.

Ein durch einen Türspalt hereinfallender Sonnenstrahl beleuchtete den Raum und die auf dem Boden stehenden Teeschalen.
Die Oberfläche des Tees war ruhig und klar. Ich sah in dem goldenen Tee mein Gesicht spiegeln.
Ich tauchte tiefer ein und entdeckte mich. Die goldene Farbe des Tees erinnerte mich an das göttliche und transparente Strahlen einer Ikone. Die Sonne und ich schienen ein und dasselbe.

Ich stand auf, bedankte mich bei der Person, umarmte Tilapia und unseren Freund, trat vor die Hütte in den neuen Tag, machte mich am Brunnen frisch und ging in die erkannte Richtung, die mein Innerstes mir vorgegeben hatte.

Der innere Raum der Burg

- Haben Sie einmal eine Burg besichtigt und sind Sie bewusst in sie eingedrungen?
- Wie ist Ihre Burg ausgestaltet?
- Kommt jeder Mensch leicht in Ihre innere Burg?
- Gilt es viele Schutzwälle zu überwinden?

Oft schützen Burgen viele Wälle und Mauern. Wollten Menschen in das Hauptgebäude, gilt es nochmals diese innersten Schutzwälle zu überwinden.

So ist in den menschlichen inneren Raum, aus dem sich das Selbst gleich einer unablässig sprudelnden Quelle stärkt, nicht einfach einzudringen.

Der innere Raum ist gleich einer festen Burg mit starken Schutzwällen und sichernden Toren geschützt. Besondere Fertigkeiten und Schlüssel sind notwendig, um die Räume der Burg zu öffnen und diesen inneren Grund ihrer Persönlichkeit aufzuschließen.

Das Bild der Burg tauchte schon früh auf. Im 9. Jahrhundert sah Abu-l-Hasan al-Nuri die Burg als etwas, die dem Menschen mit jedem weiteren inneren Raum mehr Sicherheit gibt. Al-Hakim al-Tirmidi beschreibt die Burg als strahlend. Mit jedem Vordringen kommt der Mensch seiner inneren Kraftquelle näher. Das Eindringen in die Innere Burg steht für einen Weg nach Innen.

Als selbst verantworteter Mensch haben Menschen in ihrem bisherigen Leben viele Schwierigkeiten gemeistert und wissen, dass sie es schaffen, denn sie wissen, den passenden Schlüssel zu finden und stecken diesen in das Schloss.

- Was waren in der Vergangenheit Ihre passenden Schlüssel?
- Wurden Ihnen auch von anderen Menschen Schlüssel gereicht?
- Hatten Sie die Schlüssel auch einmal verlegt?
- Was machten Sie, wenn Sie die Schlüssel gar verloren haben?

Einen Zentralschlüssel gibt es, zumindest am Anfang der Reise nicht, denn, zu mannigfaltig sind die Facetten, die das Selbst bilden und die erschlossen werden wollen. Der Mensch muss erst das Vertrauen in sich gewinnen und Sehen lernen, bevor er den Zentralschlüssel findet und bekommt. Manche meinen den Zentralschlüssel im Lustprinzip gefunden zu haben. Diese Menschen werden einmal bemerken, dass je mehr es ihnen ausschließlich um die Lust geht, sie diese umso eher verlieren.

Um mit eigenen Kräften zusammen zu kommen, muss sich der eigenen Seele Stärke anheften. Das ist die Stärke, die sich auf das Erreichen des innersten Raums bezieht, in dem das Leben verwurzelt ist.
Aus diesem Raum erschließt sich die Stärke, die Sicherheit, Hoffnung und Liebe gibt.
Sie lässt Sie auch den Mitmenschen mit realistischer Selbsteinschätzung begegnen, in der Sie sich weder überschätzen noch auf ungesunde Weise abwerten.

- Sind Sie neugierig und haben Sie die Ausdauer den Wegen in Ihre innersten Räume zu gehen?
- Wo sind Felder, wo Sie sich abgewertet haben oder überschätzten?
- Wie könnten Sie die Felder bestellen, dass Sie ihr Wachsen ermöglichen?

Um das Außen zu erschließen führt der Weg über das Innen.

Reiner Intellektualismus, der Seele und Psyche verneint, steht ebenso in einer Leere, die sich verliert, wie ausschließliche Konzentration und Verlassen auf Intuition.

Tilapia brachte von einer Weltreisen einmal folgendes Bild mit: So wie der Wind, der Blätter anhebt, Bäume entwurzelt, das Wasser aufbäumen lässt, schürt er auch das Feuer. Alles scheint gegenständlich, gegensätzlich und bewegt, doch die Bewegung kommt vom Wind. Und den Wind sehen wir nicht.

Konzentrieren

Die Fähigkeit der Konzentration scheint eine seltene Tugend geworden zu sein. Wir sind immer „beschäftigt", jedoch meist ohne Konzentration.

Wenn Menschen etwas tun, denken sie schon an das Nächste, an den Augenblick, wo sie mit dem, was sie gerade tun, aufhören können.

Erich Fromm schrieb schon 1937: „Wir tun möglichst mehrere Dinge gleichzeitig. Wir frühstücken, hören Radio, und lesen Zeitung und vielleicht unterhalten wir uns dabei auch noch mit unserer Frau und unseren Kindern: Wir tun fünf Dinge gleichzeitig, und tun nichts richtig; nichts meint hier, dass es Ausdruck unserer eigenen Kräfte wäre."

- Und wie ist es heute?
- Was läuft bei Ihnen alles parallel?
- Wo sind Sie jetzt gerade, während Sie das lesen?

Die Lust der freien Natur mit Ihren Empfindungen und der herrlichen Landschaft wird als virtuelles Erlebnis auf einem Plasmabildschirm projiziert: geruchlos, kein Wind, kein Regen, keine reale Sonne, und geschmacklos. Beziehung auf die Klickhäufigkeit reduziert. Klick und weg.

- Sind Menschen nicht Sinnen-Wesen?
- Was passiert, wenn Sie etwas nicht immer wieder üben?
- Wo sind in Ihrem Leben die sensitiven Eindrücke?
- Wie wäre es auf die Gerüche um sich oder die Geräusche des Atems zu achten?
- Wie wäre es ganz im Augenblick zu sein?

Wenn ich gehe, dann gehe ich; wenn ich mich unterhalte, dann unterhalte ich mich, wenn ich genieße, dann genieße ich, wiederholte Tilapia immer wieder, wenn er gefragt wurde, wie er es mache, in der Mitte seiner Person zu stehen.

- Wenn Sie Ihr Denken nicht abstellen können, wie wäre es, wenn dann Ihr Denken das denkt, was Sie denken wollen?

Indem Menschen in vielen Bereichen des Lebens verteilt leben, ergibt sich oft ein Gefühl der Ohnmacht und der Langeweile, weil die Handlungen in zu viele Richtungen weisen. So zersplittert, erscheint ein solcher Mensch der Umwelt konfus und desorientiert. Die Relevanz fällt ab, die Person wirkt weniger interessant, was wieder bewirkt, dass Anziehung auf andere Menschen schwindet. Das bewirkt wieder weniger persönlichen Antrieb, weil der Mensch weniger Zuwendung erfährt. Schließlich lebt der Mensch im Gefühl der Ohnmacht. Fatal ist, dass diese Menschen sich als durchaus in der Welt seiend erleben, indem sie immer mehr Aktionismus ergreifen und nach immer mehr und immer mehr streben, ohne zu bemerken, dass das Herz fehlt.

- Kennen Sie solche Gefühle der Ohnmacht?
- In welchen Bereichen treten diese bei Ihnen auf?
- Sind Sie immer und überall online?

Das Leben wird so nur noch im Außen erfahren. Es erscheint als Fassade. Das Leben wird zum alleinigen ständigen „So-tun-Als-Ob". Wir vermischen Selbst-Sein mit fassadenhaft und erklären das Maskenhafte zu unserer Realität. Das „So-tun-Als-Ob" wird unser

Lebensprogramm und unser Lebensraum. Das ganze Leben wird ein einziger Event.

- Wo leben Sie?

In vielen Parallelwelten verteilt, leben viele Menschen in einem Zeitvakuum des Pseudogefühls und Pseudodenkens. Konzentration und Spontaneität entsteht nur im „Hier-und-Jetzt-Raum". Nur dort vermag sich die Leere zu füllen.

- Haben Sie eine Idee, wie Sie diesem „So-tun-Als-Ob" entgegen wirken können?

Im Eindringen in den Gegenstand oder anderen Menschen, sehen wir ihn wirklich. Momo von Michael Ende hatte eine Fähigkeit. Sie konnte in die Herzen der Menschen schauen. Mein Freund und Mentor Tilapia konnte es auch.

Er sagte immer wieder: Wirkliches Sehen bedeutet demütiges Eindringen und das andere in seiner Andersartigkeit zu verstehen suchen. Wobei Demut kein Unterwerfen verlangt, sondern empathisches Einfühlen, das wiederum nicht zwingend Zustimmung bedeutet. Empathie entsteht in der Auseinandersetzung. Zu empathische Menschen gehen mir gegen den Strich, meinte Tilapia.

Sie können das Sehen üben. Wählen Sie einen einfachen Gegenstand aus. Versuchen Sie diesen Gegenstand mit

Ihren Augen zu erfassen. Beschreiben Sie seine Struktur, seine Form und wie er sich anfühlt.

- Was sehen Sie an dem ausgewählten Gegenstand?
- Was erschließt sich Ihnen?
- Nachdem ich davon ausgehe, dass auch Sie im Business ein Mobiltelefon benutzen, wie wäre es sich diesem Gegenstand einmal nur betrachtend zu widmen?

Fahren Sie die Umrisse mit dem Finger nach.

- Was gibt diesem Objekt den Halt?
- Was macht diesen Gegenstand zu dem, was er ist?
- Was ist das Wesentliche des Gegenstands?
- Was verbindet diesen Gegenstand mit anderen Objekten?
- Was verbindet diesen Gegenstand mit Ihrer Person?

Anschließend versuchen Sie das Objekt so zu malen, wie Sie es (innerlich) sehen und fühlen. Malen Sie nur diesen Gegenstand. Es geht nur um den Gegenstand selbst. Versuchen Sie keinen Gedanken damit zu verbinden.

- Was hat der Gegenstand Ihnen konkret offenbart?

- Wie wäre es, Sie erfassten Ihre Umgebung und die Menschen auf diesem Weg?

Sinn

- Was Sie gerade tun, hat das Sinn?
- Wie ist Sinn-los und wie ist Sinn-voll handeln?
- Wie erleben Sie diesen Sinn?

Sinn kann nicht gegeben werden. Sinn ist zu entdecken. Sinn ist immer da. Wittgenstein formulierte (6.41, Tractatus Logicus), „der Sinn der Welt muss außerhalb ihrer liegen." So ist es schwer über etwas mit Worten dieser Welt zu schreiben, das außerhalb der Welt liegt. Sinn ergibt sich aus dem Leben selbst, meint Heinz von Foerster. Und Leben bedeutet handeln.
Weshalb bei den Betrachtungen über den Sinn, auch auf Werte einzugehen ist, liegt darin begründet, dass Werte Sinn-Universalien sind. Sinn bezeichnet ein Sein-Sollen. Natürlich impliziert die Frage nach dem Sinn den Glauben, alles habe einen Sinn.
Dabei ist die Frage nach dem Sinn relativ modern. Bis zum Ende des 19. Jahrhunderts war die Frage nach dem Sinn des Lebens den Menschen fremd.

Tilapia sinnierte einmal, ist es nicht die Desorientierung, die die Suche nach dem Sinn wieder - oder überhaupt erst - in den Mittelpunkt rückt? Morgenstern und Abendstern haben dieselbe Bedeutung, nicht aber denselben Sinn.

- Wie verbinden sich Selbstmanagement mit Sinn?
- Wie Verhalten Sie sich sinnvoll?
- Wie ist nach dem Verständnis von Heinz von Foerster zu leben, um Sinn zu finden?

Um ein Gefühl für den Sinn zu bekommen, empfiehlt sich folgende Übung.
Es ist eine Betrachtung Ihres bisherigen Lebens auf der einen Seite und andererseits des Wohin Ihres Lebens. Ziel der Übung ist nicht alles zu harmonisieren, sondern persönlich Klarheit zu bekommen, um das eigene Selbst bewusst zu gestalten und das Leben fruchtbar zu machen.

Harmonie folgt aus einem Diskurs, ablehnen und annehmen unterschiedlicher Sichtweisen. Erst aus dem Auseinandersetzung mit Gegensätzen, kann ein bewusstes Aufeinander-Zugehen zusammen führen.

Notieren Sie bitte im Folgenden die gefundenen Antworten. Es ist ein Prozess, den Sie über einen halbjährigen Zeitablauf wiederholen sollten. Er verschafft Ihnen Klarheit über Ihre realisierbaren Werte, die Ihnen Lebensantrieb und Zuversicht geben.

Sinn ist mit den Sinnen zu erfahren. Die Sinne ermöglichen uns erst, dass wir uns im Leben orientieren können. Es bedingt ein Hineinhören und Hineinfühlen, um die inneren Fragen und Antworten wahrzunehmen. Im Vorbeigehen erschließt sich Ihnen diese Welt nicht.

- Ist sich dem Sinn rational zu nähern?
- Wie erfahren Sie den Sinn?

Betrachten Sie als erstes, welche Werte, Ziele und Wünsche, Ihr Leben bisher begleitet und bestimmt haben. Das ist der Ist-Zustand.

Richten Sie in der zweiten Betrachtung den Blick auf Ihre Sollvorstellungen.

- Wer wollen Sie sein?
- Wie wollen Sie handeln?
- Wie wollen Sie entscheiden?
- Wie wollen Sie sich fühlen?

Nachdem Sie Ist und Soll bestimmt haben, fragen Sie sich in der dritten Betrachtung:

- Wo ist das Ist hinter dem Soll zurück?
- Wann genau ist das Soll hinter dem Ist zurück?

Als nächstes bestimmen Sie das Ausmaß der Differenz und versuchen Sie die Gründe zu finden. Suchen Sie vor allem nach Ihren eigenen Ursachen und lassen Sie sich nicht von äußeren Strömungen und Projektionen beeinflussen.

Führen Sie jetzt die Werte und Haltungen in Ihr Bewusstsein, die notwendig sind, um Ihr Leben zu einem Erfüllten zu machen.

- Welche Aspekte erfüllen Ihr Leben?
- Was gewinnen Sie daraus?

Versuchen Sie nun in einer fünften Betrachtung zu ergründen, warum Ist und Soll nicht in diesen Bereichen zur Deckung kommen. Dabei können individuelle und auch soziale Vorgaben von Einfluss sein.

- Ist es gar nur das Idealbild mit der Tendenz zu einer Illusion?
- Machen Sie Erziehungseinflüsse dafür verantwortlich?
- Wie wäre ein Leben, das Sie sich nach Ihren Vorstellungen erfinden würden?
- Wie sähen Sie darin bildhaft aus, wenn Sie sich selbst in der Szene im Tun erleben?

Je klarer Sie Ihr Selbst sehen, je heller das Licht wird, desto klarer werden auch die Konturen. Desto mehr sehen Sie Ihre Wirklichkeit.

In der sechsten Betrachtung fragen Sie sich, wie Ihr Leben verlaufen ist. Werden Sie sich klar, wo die Gründe liegen. Betrachten Sie Ihr bisheriges Leben und erinnern, wer die Weichen gestellt hat. Das können Sie selbst, der Zufall oder andere gewesen sein.

- Was müssen Sie demnächst tun, damit Ihre Werteordnung als richtig, richtungsweisend und realisierbar erkannt wird.

- Wenn Sie vom Lebensende rückwärts denken, was sollte enthalten gewesen sein?

Sie sollten mit jeder Wiederholung des Prozesses mehr Klarheit gewonnen haben, was Ihre Werte sind und was Ihnen Sinn gibt.

- Wie wäre es, wenn Sie sich entscheiden würden, Ihr Leben ausschließlich nach diesen Werten zu planen und zu leben?
- Wie gestaltet sich Ihr Leben, wenn Sie auch bei Nebensächlichkeiten und im Alltag nach dieser Klarheit entscheiden?

Eine zweiköpfige Hydra

Das in dem Gegenstand innewohnende Raue und das Glatte treten zutage, wo sich das Kreuz schneidet. Da bricht die Kraft des Menschen auf, schrieb mir eine eng verbundene Freundin.

- Sind Sie immer dafür oder haben Sie auch einmal etwas dagegen?
- Wo sehen Sie bei sich das Raue?
- Wo ist das Glatte in ihrem Leben?
- Wo schneiden sich die Verbindungen der Pole?
- Wie steht es mit Gegensätzen in ihrem Selbst?

Menschliches Leben und Selbstsein spielt nicht im luftleeren Raum, sondern in konkreten Anforderungen und Schwierigkeiten, die sich aus unterschiedlichen inneren und äußeren Polen ergeben.
Wo der Mensch vom Anderssein ablässt oder es bewusst annimmt und vertritt, dort vermag er auch das Miteinander zu gestalten. Die stoischen Denker fassten absolutistisch und dogmatisch zu denken als Hindernis auf.
Oft lehnt menschliche Verhaltensweise Kritik ab, verachtet das Andersartige und verkennt dadurch die Vielfältigkeit des Lebens. So mag sich zwar Komplexität scheinbar reduzieren lassen, doch wird verkannt, dass menschliches Leben sich grundsätzlich zwischen gegensätzlichen Polen abspielt und dieses Verhalten gelernt werden muss.

- Wo ist das Wegstreben in alle Himmelsrichtungen am größten?
- Wo ist Ihr Mittelpunkt?
- Was sind die gegensätzlichen Punkte, wenn Sie
  sich ein Kreuz vorstellen?

In der Mitte ist Dynamik. Die Mitte eröffnet ohne
Umweg in alle Richtungen zu denken. Hier findet ein
oszillierendes Zusammen- und Wegstreben statt. Um als
Mensch von der Mitte in neue Richtungen aufzubrechen,
ist es notwendig, die Mitte erst zu finden.

*Im Kreuzungspunkt bricht das Licht aus dem glühenden
Innen hervor, sagte mir immer wieder Tilapia, der diese
Weisheit aus Spanien mitgebracht hatte.*

Diese zentrale innere Quelle findet sich für viele
Menschen erst in der inneren Umkehr. Dann spendet
diese Erkenntnis die Kraft, damit sich menschliches
Leben neu gestaltet: empfangend und gebend zugleich.
Viele Menschen scheuen sich zur inneren Quelle
vorzudringen. Sie ziehen vor, eine angepasste und
funktionierende Maschine zu sein, bei der die eigenen
Gefühle verflachen und Wünsche automatisch ablaufen.
Diese Menschen erscheinen grau. Grau wie bei Michael
Ende die grauen einförmigen Herren sind, die die Welt
entfärben. Es sind Gestalten, die in winterlicher Land-
schaft wohnen; erstarrt agierend wie Marionetten, das
Selbst an Fäden von einer fremden Macht gezogen.

- Welche Fäden machen Sie bei sich aus?

- Wo an Ihnen ziehen diese Fäden?
- Wo ziehen Sie diese Fäden hin?

Um Polaritäten zu akzeptieren, braucht der Mensch Mut, sich selbst so zu sehen, wie er ist. Das gelingt kaum ohne den Spiegel der anderen. Bei diesen Analysen, die man auch ohne fremde Hilfe durchführen kann, ist zwischen Eigen– und Fremdbetrachtung deutlich zu unterscheiden.
Die folgenden Übungen bewirken, dass der Mensch mit seiner Mehrdeutigkeit Freundschaft schließt.

Betrachten Sie folgende Gegensatzpaare.

- Freude und Leid
- Stärke und Schwäche
- Nähe und Distanz
- Ziel und Weg
- Demut und Stolz
- Veränderung und Beständigkeit

Zählen Sie jeweils mindestens drei Situationen aus Ihrem Leben zu den genannten Gegensatzpaaren auf.

- Welche Verbindung besteht zwischen den Gegensätzen?
- Was ist weder in dem einen noch in dem anderen enthalten?
- Wie können sich beide anerkennen?
- Was wäre ein Raum, wo sich beide treffen?

- Was wäre, wenn es nur Scheingegensätze sind?
- Wie wollen Sie zukünftig mit den Gegensätzen umgehen?

Einsichten und Akzeptieren auf beiden Seiten sind für Kommunikation notwendig. Der Weg beginnt aber bei Ihnen und nicht bei der anderen Person. So können Sie die jeweils andere Seite zum Verstehen und Entgegenkommen einladen.

- Welche Polaritäten, die bisher nicht aufgezählt wurden, finden Sie noch in Ihrem Leben?
- Welche Impulse ergeben sich aus den Polen Soll und Ist (Siehe oben bei der Sinnfindung)?
- Wenn Sie annehmen, Sie gingen am Abend zu Bett und der Gegensatz hätte sich morgen früh realisiert, weil ein Zauberer in der Nacht eine Möglichkeit gefunden hat, was ist dann nach dem Aufstehen Ihre erste Handlung?
- Wie wäre es, wenn Sie morgen früh diese Handlung als erste vornehmen würden?

Erst wenn die inneren Widerstände bewusst werden und als solche angenommen werden, wird ihr Innen klar und können Sie sich entscheiden in eine neue Richtung zu gehen. Erst dann ist das Thema beendet und der Weg für Handlungen und Wirkung nach außen frei. Dies ist mitunter ein schmerzhafter Erkenntnisprozess, denn Sie erkennen ihre inneren Richter und werden sich dieser selbst bewusst. Dieses Zu-sich-selbst-stehen öffnet Ihnen das Tor zu ihrer innewohnenden Energie.

„Die Achtung vor sich selbst ist wichtiger, als die Anerkennung durch andere. Sittliches ist nicht begründet im Überichgehorsam, sondern im Ichgehorsam", zitierte Tilapia Ruppert Lay und fuhr fort, so der andere sich nicht ändert und dessen Anerkennung nicht zu erzwingen ist, erinnere dich an den oben zitierten Satz von Theresa von Avila, sich darauf zu konzentrieren, was man verändern kann: Das ist grundsätzlich der Mensch selbst. Was er nicht oder nur mit unverhältnismäßig großem Aufwand verändern kann, solle der Mensch annehmen. Dadurch wird der Blick frei für die Freiräume, die ehemals verstellt waren.

So der Mensch ein Teil der Welt ist und wir eins mit dem anderen sind, bewirkt eine Änderung meiner Sicht auch die Sicht des anderen. Es ist deshalb für mich immer wieder in Unternehmen erstaunlich, wie Menschen im Außen Veränderungen von anderen verlangen und zu erzwingen versuchen, während sie selbst Wurzeln schlagen. Haben diese Menschen vergessen, dass sie die so reiche Welt ursprünglich durch das Vorbild der Mutter oder geschätzter Menschen erlernt haben?*

- Was können Sie wirklich ändern?
- Wo spielen Sie Don Quichottes Kampf gegen die Windmühlen?
- Was würde ein verändertes Verhalten ihrerseits im Umfeld und bei den anderen Menschen auslösen?
- Was können Sie gut und wie können Sie das in privaten und beruflichen Beziehungen als Vorbild vorleben?

Renaissance

Krebse gehen rückwärts, um nach vorne zu kommen, schmunzelte Tilapia, als wir in einem netten Lokal an der Dordogne saßen und Krebse aßen. Viele Menschen kennen nur den Vorwärtsgang, und vergessen die Vorteile des Rückwärtsdenkens.
Ist nicht die Renaissance eine herrliche Wiedergeburt des Vergangenen und hat den Medici in Florenz lange Macht beschert und der Stadt und uns heute immense Kunstschätze?

Die Renaissance war jedoch gegenüber heute nicht ein billiger Retrolook, der lediglich kopiert.

- Wie könnte Ihre Renaissance aussehen?
- Welcher kultureller Böden bedarf ihre personale Renaissance?

- Ist Ihre Renaissance nur der Ruf nach der guten alten Zeit?
- Wie sieht ein konkretes Szenario einer wahren Wiedergeburt Ihres Selbst aus?
- Wie könnten Sie ihre gegenwärtigen Themen vom Anfang her neu bewerten?

Seit der Kindheit speichern Menschen in sich „interne Modelle", die dem Menschen helfen Handlungen und soziale Abläufe zu gestalten. Das ist nichts anderes als verinnerlichte Regeln von Vorbildern, mit der wir die Welt verstehen, in ihr handeln und bestehen können. Manche Abläufe sind uns vielleicht nicht mehr so präsent oder bedürfen einer „Restaurierung", um in der Gegenwart effektiv angewendet zu werden. So ist die Renaissance wie oben angesprochen ein Prozess, der diese nützlichen Methoden modifiziert und um den neuesten „Technischen Standard" ergänzt und reformiert.

- Was sind ihre internen Modelle aus vergangenen Zeiten?
- Wie wäre es, wenn Sie sich ein Schatzregal aufbauen oder Museum einrichten und in dieses ihre Schätze stellen?
- Wie sind ihrer internen Arbeitsmodelle für ihre Gegenwart zu ergänzen, zu erweitern oder zu reduzieren, damit es zeitgemäße und zukunftsweisende Modelle werden?

Bewässerung

Tilapia ist überzeugt, dass Authentizität und Persönlichkeit ohne Selbstbewusstheit und Selbstwert nicht möglich sind. Er erzählte mir oft von einer heiligen und weisen Frau, die ihm vor langer Zeit gesagt hatte, es sei mit dem Leben wie mit dem Bewässern einer Landschaft. Um einen fruchtbaren Garten aus einer Wüste zu machen, bedarf es der Bewässerung. Die schwerste Arbeit ist, dass man den Eimer in den Brunnen wirft, um das Wasser herauszuziehen. Ein Schaufelrad ist hier schon hilfreicher und vermag eine größere Menge zu heben. Mit einem Leitungssystem vermögen wir ganze Areale zu bewässern, doch das Beste ist, es regnet einfach.

Ist es nicht erstaunlich, dass der Mensch, der überwiegend aus Wasser besteht, sich mit so vielem anderen beschäftigt, anstatt seine Energiequelle zu verfolgen, wo das Wasser herkommt und wie er es effektiv zu dem jeweils zu bewässernden Feld leitet.

Und manche Menschen merken nicht einmal, dass es schon von alleine regnet.

Ein aktives Selbstmanagement wirkt wie ein kategorischer Imperativ: Du sollst danach streben, dein Selbst zu erkennen und dessen Selbstorganisation eher zu mehren denn zu mindern.

Angesichts eines schwindenden kulturellen Konsenses, angesichts fehlender Orientierungen in der Welt, die nicht frei von Ideologie und Dogmen ist, wird der

Mensch zu einem Spielball, wenn er nicht weiß, wer er ist und wie er sich „bewässert".

- Wie steht es um Ihr Bewässerungssystem?
- In welchem Stadium (Eimer, Schaufelrad, regnen lassen) der Bewässerung befinden Sie sich?
- Wo ist die Quelle für ihr Bewässerungssystem?

Der Instabilität der äußeren Welt kann der Mensch durch innere Klarheit begegnen. Der Mensch, der kein ausgeprägtes Gespür für das eigene innere Selbst und seine im inneren Kern geborgenen Ressourcen hat, besitzt schlechte Karten für das Spiel in einer bewegten, pluralistischen Welt, die immer virtuellere und öffentlichere Ausprägungen annimmt. Individualität wird dem Öffentlichen untergeordnet.
Fragestellungen wie, „Wer bin ich?", " Was kann ich bewegen?", „Wo ist mein (Seelen-) Grund?", passen nicht in institutionelles Denken.

- Was regen diese Fragen bei Ihnen an?
- Wo kommt ihre „Bewässerung" her?

Bewusstheit über den eigenen Wert und Selbst-Entwicklung sind äußeren Konstrukten gegenläufig, in der Weise, dass die zunehmende Selbstbewusstheit Sie von äußeren Abhängigkeiten immer weiter befreit. Sie werden selbst.

- Welche andere Organisationsform würde das Selbst der Menschen eher fördern?

- Wie könnten Sie sich organisatorisch anders orientieren?
- Wo ist der „Orient" in Ihrem Leben, wo die Sonne aufgeht?

Wer diese und ähnliche Fragen nach seinem eigenen Selbst für sich selbst positiv beantworten kann, findet festen Boden und gewinnt Sicherheit. Sie werden wie ein Seemann fest auf den Bohlen ihres Schiffes in einem bewegten Meer stehen. So spült es Sie nicht über Bord.

So wachsen Sie über die äußere Instanz hinaus. Sie werden nur in höchst eingeschränktem Maße fremdgesteuert und ihrer Entscheidungsfreiheit enthoben.

Solch ein Mensch fühlt sich aufgehoben. Allein die Bewusstheit dessen verleiht die Kraft dem Selbst. Astrid Schütz schreibt in einem ihrer Bücher zu Selbstwertschätzung, *dass Menschen mit einem starken Selbst eine gute bis hohe Meinung von sich selbst haben. Menschen mit einem starken, stabilen und natürlichen Selbstwertgefühl sind mit sich und ihrem Leben relativ zufrieden, leben in befriedigenden Partnerschaften und zeigen hohe Leistungen.*

Das Streben zum eigenen Kern und zum (Seelen-)Grund, verleiht Sicherheit, Kraft und Geborgenheit. Ein Gefühl des „ich bin ok" und „Du bist ok" entwickelt sich, gibt Halt und innere Ruhe.

Das ist keine technische und nur kommunikative, sondern eine psycho-logische Frage. Die Stimme kommt aus Ihrem inneren Raum, wo die Seele wohnt. Das weist auch über den Rahmen der Psychologie hinaus. Es geschieht, fällt zu.

Was Menschen tun können, ist, sich dafür zu öffnen, um das annehmen zu können, was Ihnen zustößt. Diese Weise nähert sich jenen Bewusstseinszuständen an, die Menschen auf spirituellen und mystischen Wegen an sinnlicher Erkenntnis zustoßen können. Der Regen fällt einfach.

- Wollen Sie, dass es einfach von sich aus regnet, um ihre Wiesen zu bewässern und ganz allein zum Blühen zu bringen?

Blaumerle

In Ihrem Leben begegnen Menschen immer wieder selbstzerstörerischen Verhaltensweisen, Gefühlen oder Reaktionen, die als belastend empfunden werden. Lebensprobleme drohen uns von unserem Weg der Selbst-Entwicklung abzubringen. Einengende Beziehungen und Affekte, Gewohnheiten, Verhaltensweisen, die uns unbewusst lenken, bestimmen uns, obwohl sie den allgemeinen menschlichen Orientierungsmarken zuwider laufen. Die so betroffenen Menschen laufen Gefahr, aus dem Tritt zu kommen.

- Erkennen Sie bei sich einengende Beziehungen, Affekte, Gewohnheiten oder andere Verhaltensweisen, die Sie als belastend empfinden?
- Wie gingen und gehen Sie mit diesen Belastungen um?
- Welche Spielregel könnten Sie für sich nehmen, damit Sie Möglichkeiten (er-)finden?
- Was könnte der Boden sein, damit Sie sich geerdet fühlen?
- Erkennen Sie Zensurinstanzen, Abwege und Bilder in sich oder durch die Umwelt?
- Kennen Sie in Ihrem Umfeld Menschen, denen Sie diese Kompetenz und dieses Lebenswissen zusprechen und die ihnen als Vorbild dienen können?

Betrachtet man zwei Menschen, die fliegen könnten, wobei der eine nach oben strebt, ohne einen Blick zurückzuwerfen, der andere schätzte, laufend nach unten blickend, die neu gewonnene Höhe ein und schaute, ob auch alle zu seinem Höhenflug aufblicken. So ist klar, dass letzterer in seinem Fluge gegenüber jenem zurückbleibt, der auf das blickt, was noch vor ihm liegt und noch erflogen werden kann, schrieb schon 1530 Miguel de Osuna.

Die Blaumerle ist ein kleiner Vogel, die im Mittelmeerraum vorkommt und im Orient auch als Glücksbringer galt und schon bei Rumi ca. 1200 n.Chr. erwähnt wurde.

Gerade wenn Regen fällt, entwickelt er eine besondere Aktivität.

- Wollen Sie wie eine Blaumerle sein, die am Morgen beschwingt auffliegt zu neuen Tiefen?
- In welche Höhen und Tiefen fliegen Sie?
- Welche Aktivitäten entwickeln Sie, wenn Sie „bewässert" werden?

Die Blaumerle hat fünf Eigenschaften. Sie fliegt zum höchsten Punkt. Das meint, dass sie über sich hinaus geht und die ausschließlich an Besitz geknüpften Regungen hinter sich lässt.
Sie fliegt zweitens allein, das anspricht, dass wir uns selbst genügen sollten.
Drittens hält der Vogel seinen Schnabel in den Wind, wo ein spanischer Dichter meint, dass er auch über ihn

Hinausgehendes aufnimmt.

Das ermöglicht ihm viertens, in Gesellschaft wertschätzend zu handeln.

Die fünfte Eigenschaft ist, dass er bezaubernd singt. Damit ist gemeint, dass er Menschen mit seiner Zuwendung verzaubert und diesen ebenfalls einen Teil seines Glücks vermittelt und weiter schenkt.

Winkel

Könnte es sein, dass Sie eines der wiederkehrenden Dinge des Alltags aufregen, wie die nicht abgespülte Kaffeetasse im Büro; die Wut, die U-Bahn wieder einmal verpasst zu haben, obwohl die nächste in 5 Minuten kommt?

- Was könnte an diesen alltäglichen und wieder-kehrenden Themen Gutes oder Nützliches zu finden sein?
- Wo liegt die Ursache der Emotion?
- Wer veranlasst diese?
- Was ist ihr Bedürfnis hinter dieser Emotion?

Selbst im finstersten Winkel bleibt ein Rest des Guten verborgen. Dieses Verborgene ist oft verstellt.
- Wollen Sie einen Blick dafür bekommen, auch bei den alltäglich nervenden Dingen, das Nützliche zu sehen, und damit leichter den Tag zu erleben?

- Was könnten Sie für einen Effekt haben, wenn Sie es ausprobieren?
- Was ermöglicht ihnen diese Sichtweise in einer Verhandlung oder einem Gespräch?

Jedes Objekt geht mit seinem Gegenteil schwanger.
Ihr Glücksberg, mag erklommen werden. Es ist wie bei den Bienen, die aus jeder Blüte den Honig saugt und sich dann schon wieder auf das Gute in der Nächsten freut, obwohl es jedes Mal große Anstrengung bedeutet.

- Wie würde Ihr konkretes Problem aus dem Weltraum wirken?
- Was würde ein weiser Sufi oder einer Ihrer Vorbilder dazu sagen?
- Was wäre, wenn Sie sich anders fokussieren und in dem Verhältnis wie Sie bislang nervige Dinge sahen, jetzt die positiven Dinge betrachten?

Es wurde einmal festgestellt, dass Negatives zehnmal mehr als Positives weiter erzählt wird. Dagegen werden positive Erlebnisse nur dreimal berichtet.

Stellen Sie sich vor, Sie drehen das Verhältnis um.

- Wie sähe ihre Neue Welt aus?

Nährende Böden

Nicht enden sollendes Wachsen und unerschöpfliche Energie, hat der Mensch heute zu haben.

- Wo soll die nichtendende Kraft herkommen?
- Wo findet der so Getriebene seine Oase zur Regeneration?
- Wie steht es um Ihr Ressourcen-Management?
- Oder haben Sie – wie viele Menschen- eine gute Ausrede parat, warum bei Ihnen das nicht so einfach umzusetzen ist?

Östliche und westliche Einflüsse, die Extreme unserer Welt, Beruf und privates Leben bauen starke Spannungen auf. Die Kruste scheint laufend kurz vor dem Bersten. Der Vulkan bebt und sendet seine Signale der bevorstehenden Eruption. Die Gefahr der unkontrollierten Entladung steigt. Dennoch missachten viele Menschen die körperlichen und psychischen Signale.
Jeden mit Glück erfüllen, auch sich selbst, legt Friedrich Schorlemmer nahe. Doch jeder ist selbst seines Glückes Schmied, sagt der Volksmund. Das Glück hat viele Facetten, das verlorene Hufeisen ist bei uns ein Glück, für den Reiter und das Pferd scheint es beim Ausritt ein Unglück zu sein. Erst durch das Verlieren und dann gefunden werden, wird das Hufeisen zum Symbol des Glücksbringers.

- Was könnte der innewohnende Wert eines Verlustes von einem Gegenstand bei Ihnen sein?

Das führt die Menschen dazu, sich Gedanken zu machen, was einem Menschen und einer Gemeinschaft wertvoll ist. Die Reflexion der Werte spielt in einem ethisch verantworteten Leben eine zentrale Rolle. Was den Menschen subjektiv wichtig erscheint, treibt ihn von innen heraus an. Es ist eine Quelle, aus dem die Innergie fließt.
Werte sind Mosaiksteine, die erst im Zusammenwirken mit dem Umfeld ein sinnvolles Ganzes bilden. Der einzelne Stein bleibt Stein. Die einzelne Zufriedenheit bleibt einzelne Zufriedenheit. Ohne das Du des anderen Menschen gewinnt es kein Gewicht.

Betrachten wir zuerst die subjektiven Werte. Werte sind jenseits materieller Betrachtung Haltungen, die uns weisen und lenken. Wertedenken ist Denken in Beziehungen. Werte leben in der Gemeinschaft auf.

- Was sind ihre Werte in Bezug auf die Gemeinschaft?
- Was sehen Sie, wenn Sie sich das Wertenetz einmal als Netz aufmalen?
- Zwischen welchen einzelnen Menschen oder Gruppen, stehen welche ihrer Werte im Vordergrund?
- Werden die Werte so erwidert oder verstehen diese Menschen darunter etwas anderes?

Netze von Spinnen sind stabil und zugleich elastisch. Wie weit sie auch gespannt sein mögen, wird einer ihrer Werte berührt, so schwingt bei Berührung am fernsten Punkt das gesamte Netz.

In diesem Schwingungsfeld der Werte wird der Mensch gehalten.

Ein Netz wird zum Netz durch seine Knoten. Die verbindenden Knoten geben Stabilität und Belastbarkeit.

- Zwischen welchen Knotenpunkten bewegt sich etwas?

Um zu leben, müssen wir uns im Netz bewegen, es pflegen und an manchen Stellen neu spinnen, meinte Tilapia, als wir bei einer Wanderung im Luberon einer großen gelb gestreiften Spinne zusahen.

Farbe

Cézanne arbeitete nicht mit Farbe **und** Form, sondern er begreift die Farbe **als** Formgebung. Das bemerkten wir schon weiter oben und wollen es hier nochmals vertiefen.

Würde man die coloristische Fraktur aus einem Teil seiner Bilder entfernen, würden die Bilder gelöscht. Eine unabhängige Tektonik der Form existierte dann nicht mehr. Die Bilder wären ihrer coloristischen Energie beraubt. (siehe R. Rewald)

- Wenn Sie sich farblich darstellen würden, welche Farben hätten Sie?

- Was fühlen Sie, wenn Sie diese Farben verändern oder die Farbe ganz raus nehmen würden?

Wir sprechen von farblosen Menschen. Diese werden im extremen Fall nicht wahrgenommen.

„Eine Form ist nichts Individualistisches, sondern existiert nur durch den sie umgebenden Formenraum, mit dem sie in Bezug tritt. Die Natur ist immer dieselbe, aber von ihrer sichtbaren Erscheinung bleibt nichts bestehen", sagte Paul Cézanne.

Aus der Beziehung der Farben zueinander entfaltet sich die Form. Die Relation ermöglicht und gebiert Neues. Ein neuer Raum wird geöffnet.

- Was sind Ihre Farben, die Ihnen Form geben?
- Wie verändert sich ihre Form, wenn Sie Ihren Werten Farben zuweisen und diese dazu fügen?
- Welche Form hat jetzt ihre Gestalt durch die Farbe gewonnen?

Lösen wir den Leben spendenden Farbstoff heraus, wird das Kunstwerk „individueller Mensch" seiner Energie beraubt und fällt zusammen. Es bleiben einzelne unzusammenhängende Elemente. So hat weder das eine noch das andere alleine Bestand. Es muss ein Drittes geben. Etwas, das zum Leben erweckt.

Dieses Dritte eröffnet sich über den Dialog der Teile. Dieses Dritte realisiert sich nach außen im sozialen und nach innen in einem lebendigen und sich fortwährenden und sich entfaltenden Austausch.

- Wie dynamisieren Sie das Dazwischen, damit die Teile zu leben beginnen?
- Wo ist die Matrix, in der das Ganze eingebettet ist?
- Was ist das Nährende aus der Matrix?

Diese Raum-Matrix ist wie ein Mutterboden, der Neues keimen lässt und Bestehendem Kraft geben kann. Die Matrix speist sich aus der Vergangenheit über die Gegenwart und den Lebenssaft Ihren zukünftigen Vorstellungen.

- Was nährt wiederrum ihre Matrix?
- Gewinnt Ihr Raum eine neue Dimension, wie das Cruzifixus-Gemälde von Salvador Dalí, das schräg und freischwebend im Raum sich in eine vierte Dimension erweitert?

Um in diese Dimension vorzudringen, wenden wir uns nach der physischen und psychischen Ebene der geistigen Ebene zu. Dies ist der dritte Weg des Dialogs mit dem Selbst. Es ist die spirituelle Dimension.

3. Teil

Spirituelles Selbstmanagement

Der geistige Weg

Spiritualität ist das belebende und vitale Prinzip, das dem Handeln des Menschen Licht und Klarheit in Form von Sinn und Erfüllung zu geben vermag. Spiritualität ist Beziehung, Verbundenheit und Eins-Sein.

Techniken und Hinweise zum Selbstmanagement eines Menschen, die die Spiritualität nicht einbeziehen, bleiben eine Leerformel. Solschenizyn ist überzeugt, dass der Sinn der irdischen Existenz nicht in einer Gewinn-maximierung, sondern im seelischen Wachstum zu finden sei. Dabei dient spirituelles Selbstmanagement dazu, die Inhalte des Unbewussten und Bewussten in Harmonie zu bringen.

Selbstmanagement auf dieser Ebene ist keine Karriere- oder Berufsfrage, sondern eine das innerste Wesen betreffende. Das kann geschehen durch meditatives Bemühen um die innere Einheit. Diese ideelle Form beeinflusst auch die Form des äußerlich Sichtbaren. So ist Spiritualität nicht ein Weg der Entweltlichung, sondern eine „Verschönerung und Kräftigung der geistigen wie leiblichen Existenz. Es führt, wie Philo von Alexandria (30 v. Ch. bis 10 n.Ch.) weiter formulierte, zu einem reinen Bewusstsein und zu einem schweigenden inneren Zustand der Gedanken. Diesen monadischen Ort nähern sich Menschen in einem Zustand mystischer Inspiration. Dieses Kraftfeld der Fülle, kann der Mensch tanzen lassen, wenn es gelingt, das Innere nicht durch Äußeres zu füllen oder zu überlagern.

Dabei geht es nicht um Reduktion sinnlicher Wahrnehmung. Es geht um höchste Identität von Wirklichkeitserfahrung.

Auf diesen Zustand zielen die Übungen des Yoga, der Taoisten, des Zen und christlicher Meditationen.

Tilapia fragte mich, als wir über Theorien, Spielregeln und Definitionen sprachen: Ist es nicht seltsam wie Menschen sich anstrengen, die spirituelle Erfahrung in Worte klar einzubinden? Ist die Suche nach etwas Greifbarem, wie einer Definition, nicht der Spiritualität gegenläufig? Ist Spiritualität auf höchster Stufe nicht jenseits semantischer Begrifflichkeit, Grammatik und diskursivem Denken? Reicht die Dimension der Spiritualität nicht weiter, als die menschlichen Hände greifen und die Augen zu sehen vermögen?

- Was meint ein spiritueller Weg des Selbstmanagement?
- Können Menschen Spiritualität lernen?
- Wie ist ein Einstieg in die spirituelle Welt zu finden?
- Wo sehen Sie in ihrem Leben Ansatzpunkte eines spirituellen Wegs?

Entfernt sich nicht der Mensch von dieser Welt, wenn er sich auf diesen Weg des Selbstmanagements einlässt? Verliere ich mich nicht oder erhöhe ich die Ungewissheit, die im Leben herrscht? Das Gegenteil ist jedoch der Fall. Durch die Selbstbetrachtung wird erst möglich, sich aus der Selbstbezogenheit zu lösen. Der Mensch wird sich seiner Bezüglichkeit bewusst.

- Wenden Sie sich nach innen: Wo fühlen Sie sich überall hin verbunden?
- Welche dieser Verbindungen sind intensiver?

- Was geschieht, wenn Sie die Verbindung zu diesem Menschen oder Ding etwas lösen?

Spirituelles Selbstmanagement kann Entwicklung und Verstärkung altruistischer Liebe und Zuwendung bewirken.

Wir haben gesehen, dass Menschen Zeit brauchen, um Konzentration, Kraft und Energie zu entwickeln. Menschen brauchen Zeit und Ruhe um zu üben. Daher ist nützlich, einen festen zeitlichen und räumlichen Rahmen zu gestalten. Das erleichtert spirituelle Quellen zu erschließen.

Auch wo eine Schule gebaut wird, ist eine Zeit notwendig, in der gezimmert wird und Leitungen verlegt werden müssen. In dieser Zeit kann noch kein Mensch in den Räumen gelehrt werden. Nach der Fertigstellung jedoch, kann die Schule viele Menschen aufnehmen und ausbilden.

- Lohnt sich die Zeit für Ihren Bau aufzuwenden?
- Reizt Sie einen Zeitraum bereit zu stellen, wo sich Spiritualität öffnen kann?
- Was ist es Ihnen wert, mehr Bewusstheit und Klarheit zu gewinnen?

Spiritualität ist kein Wabbern durch ein undefinierbares Etwas.

Der Weg führt letztendlich über die konkrete Auseinandersetzung mit sich selbst. Die Interaktion im Spiegel der anderen Menschen eröffnet Ihnen diesen Selbst-Raum. Spiritualität ist ein immerwährendes

Streben nach Mehr wie das entblättern einer Artischocke.

Dieses Mehr wird dem Menschen oft in der Dunkelheit zuteil. Bei Moses am Berg Sinai als er den Alles erfuhr, geschah das Gewaltige in einer tiefen Dunkelheit. Zarathustra kam aus der dunklen Höhle, wo er Stärke und Glut erfahren hat und dann hinabstieg wie eine Morgensonne, die aus dunklen Bergen kommt. Und andere Beschreibungen sprechen von einer dunklen Nacht.
Der Mensch macht sich bereit, um den Strahl der Finsternis zu „erkennen", wie Dionysios Aeropagita schreibt.

- Wollen Sie diese Glut und Kraft wie Nietsche es im Zarathustra beschreibt spüren?
- Wollen Sie brennen wie ein Dornbusch ohne zu verbrennen?
- Wie könnte ihr Bereitmachen aussehen?

Spirit

Vielfältig sind die Facetten der Spiritualität. Ebenso vielfältig wie das Leben.

Zahlreiche subjektive Erfahrungen durchfluten diese Prozesse, bis sich die sinnlichen Vorstellungen lösen, aufklären und klar werden.

In dem Wort „Spiritualität" ist das lateinische Wort „spiritus" enthalten. Das bedeutet: Blasen, Hauch, Atem; Leben(-shauch); Seele, Wille, Gedanken; Selbstbewusst sein, Anmaßung (oft Plural); Schwung, Begeisterung.

- Wie hängen diese Begriffe mit dem Menschen und dieses wiederum mit der Welt und letztendlich mit Ihnen zusammen?
- Was bedeuten die Bereiche im Licht der Spiritualität für Sie?
- Was sind die Lichter oder das Licht, zu dem Sie sehen?
- Brennt es in Ihnen oder ist es mehr außerhalb?

Die Spiritualität vermag die Trennung der Bereiche zwischen beobachtbarem Geist und objektiv beobachtbarer Materie wieder zusammen zu führen. Schon nach kurzem schwindet die Trennung zwischen Beobachter und Beobachteten. Sie sehen den großen Strom und das Detail. Alles hängt mit allem zusammen, formulierte David Bohm. Differenzieren hilft mir Dinge zu erkennen, doch der Geist dahinter, der alles belebt, erschließt sich dem Menschen nur im Ganzen.

Spiritualität mag ohne Religiosität möglich sein, doch vermag Religiosität niemals ohne Spiritualität zu erfahren sein.

Jeder Mensch mag für sich entscheiden, wie er seine Religiosität, sein Glaubenskonstrukt benennt: die Ablehnung von Etwas ebenso wie gedankliche Negation oder die Bejahung.
Es ist eine vielschichtige Frage nach dem Alles. Diesen Alles zu personalisieren oder zu vermenschlichen, ist eine verständliche doch sehr profane Herangehensweise, um das Ungreifbare greifbar zu machen.
Erst im Lösen von diesen Annahmen vermögen Sie den Wind dieses Geistes zu erspüren.

Für Rumi liegt die Antwort nur im Allem und im Einem.

- Wie lautet Ihre Frage an das Thema Spiritualität?
- Welche Annahmen und Haltungen unterstützen Sie auf dem Weg dorthin?
- Erschließt sich das Gesamte erst durch das lassen von Allem?
- Mit wem könnten Sie spirituelle Fragen reflektieren?

Wenn Sie sich Menschen suchen, um diese Themen zu erörtern, achten Sie darauf, wo dieser Mensch mit seinem Geist ist.

Kann er dialogisieren oder erfahren Sie nur Dogmen oder gar Ideologien? Führen die Gespräche Sie zu sich oder ist es an irgendwelche Bedingungen geknüpft?
Die hier angesprochene Spiritualität ist an nichts verhaftet.

Theorien vermögen Spiritualität ebenso wenig wie Definitionen zu erfassen. Spiritualität ist nicht zu institutionalisieren. Alle Versuche scheiterten bislang oder sind im Prozess des Scheiterns begriffen. Allenfalls können uns Beschreibungen den Bedeutungshof erahnen lassen.

Frühe Mystiker versuchen uns auf diesem Weg mit Ihren Erfahrungen Halt zu geben: auf einem Weg, wo nichts ist und dieses Nichts alles ist.
Geschichten und Bilder helfen uns Erfahrungen auf diesem Weg zu finden, wo das Pflaster die Paradoxie scheint. Trotz der Unbegreifbarkeit und Unbeschreibbarkeit spüren wir im Fortschreiten und Hineingehen zunehmend eine kraftvolle Hand, die uns führt.

Tilapia meinte einmal bei einer Diskussionsrunde wer auf die Frage antwortet, was konkret Spiritualität sei, der hat Spiritualität nicht in seiner eigentlichen Dimension erfasst.

Spiritualität ist keine Antwort. Spiritualität ist Nichts und zugleich Alles. Der Mensch kann sich Spiritualität nähern, indem er eintaucht und versucht geschehen zu

lassen, was geschieht. Der Tauchgang ist zu wiederholen, wieder und immer wieder. Wie beim Tauchgang
im Meer, hat der erfahrene Taucher seine Ausrüstung
und so er noch nicht darüber verfügt, seinen Tauch-
lehrer dabei.

Über Nichts bzw. nicht Greifbares oder sich anzumaßen
über Alles zu schreiben, scheint paradox. Es wird
möglic,h sich diesen Bereichen zu nähern, wenn der
Mensch sich einer anderen Grammatik und Sprache
bedient. Mit unseren Worten können wir uns der
Spiritualität nur annähern. Große Gelehrte versuchten
und versuchen das seit vielen Jahren.
Die Semantik vermag diese Dimension nicht zu erfassen.
Doch der vorgezeigte Weg und die zahlreichen Fragen
sind eine Einladung, sich vom Begrifflichen zu lösen und
den Empfindungen zu folgen, um letztendlich auch diese
hinter sich zu lassen.
Der spirituelle Weg ermöglicht Transformation und so
wieder und wieder und wieder zur Welt zu kommen.

- Haben Sie schon einmal etwas zu erfassen
  gesucht, was Sie nicht fassen können?
- Wie ist es, wenn Sie in den Wind greifen?
- Sehen Sie das Salz in der Suppe?

Ein Kôan ist nicht zu erfassen, der Mensch kann sich
einlassen. Indem er „durchgeht", erschließen sich
Erfahrungen. Die transzendierende Innenperspektive
kann nur der Mensch schauen, der es ausprobiert.

Mit dem spirituellen Leben ist es wie mit dem Salz in der Suppe, Sie können es schmecken und bemerken, wenn es fehlt, aber sehen können Sie es in der Suppe nicht.

Spirituelles Leben führt über die Ansätze der rein positiven Psychologie hinaus, die das Augenmerk vornehmlich auf die Stärken richtet. Es geht darum das Leben in seiner Gesamtheit zu erfassen, ohne Ideologien oder Dogmen zu erliegen.

- Wo ist in Ihrem Leben Stärke ohne Stärke zu erfahren?
- Wo ist der Erfolg ohne Erfolgsgeilheit?
- Wie erfahren Sie Leistung ohne Leistungsmanifestationen?
- Wo erfahren Sie das Gefühl des Besitzens ohne zu besitzen?

Viele der spirituellen Fähigkeiten transformieren ihr „im-Leben-sein", indem der Weg über Fühlen, Denken und Wahrnehmen führt, diese Bereiche im Folgenden hinter sich lässt und sie neu gewinnt.
So wird das menschliche Handeln von diesem Spirit durchstrahlt, wie die Sonne, die einer Rosette in einer Kathedrale beim durchscheinen erst die Struktur gibt. Die eigene innere Weltauffassung erhellt sich und strahlt als Klarheit aus diesen Menschen. Sie werden von den anderen Menschen in einer Art wahrgenommen, die die Amerikaner mit „he is a Mensch" beschreiben. Es ist die höchste Beschreibung eines humanen und Lebensweisen Menschen.

Diese Menschen sind aktiv, indem sie ja zum Leben sagen. Sie verstehen Spiritualität als ein Tunwort und haben erfasst, dass Spiritualität nur „ergangen" werden kann.

Spiritualität hat kein Gegenwort. Es ist das Glatte und das Raue.

- Ist Spiritualität eine Behauptung, die sich als wahr oder falsch verifizieren lässt?
- Ist Spiritualität Monologik?
- Wie wäre es, wenn Menschen Spiritualität als Wir-klichkeit erfassen würden?

Spiritualität ist ein belebendes und vitales Prinzip. Es vermag dem Handeln des Menschen Sinn und Erfüllung über Werte und Bedürfnisse hinaus zu geben. Spiritualität bewirkt, dass sich Geist und Körper, Emotion und Verstand synchronisieren.

Es ist ein Handeln, das ihre Räume eröffnet. Spiritualität berührt.

- Was geschieht in Situationen, wenn Sie Erfolg als erfüllend und sinnvoll erfahren?
- Heftet der Erfolg etwas an?
- Was ist der Unterschied, der den Unterschied ausmacht?
- Wie könnten Sie ihr Tun gestalten, dass Sie Erfolg als erfüllend erfahren?

Selbstmanagement ohne die geistige Ebene, bleibt ein fassadenhaftes, egomanisches Unterfangen und wird lediglich etwas an der Oberfläche kratzen. Tiefer in das eigene Wesenhafte des Menschseins einzudringen gelingt nicht.

- Welche Erwartungen haben Sie, wenn Sie Selbstmanagement auf den Raum Spiritualität ausdehnen?
- Wie könnte ihr Ergebnis aussehen?
- Wie werden Sie sich und die anderen Menschen wiederum Sie wahrnehmen?

Wald und Bäume

Gerade bin ich von einer Bergwanderung mit Tilapia in meiner näheren Umgebung zurück. Ich war früh unterwegs und so begegnete ich erst zum Ende Menschen, die sich gerade auf den Weg machten. Es lag Klarheit in der Luft. Eine Klarheit, die Nähe und das Weite zugleich erfassen ließen. Während wir die Latschen beim Durchstreifen auf die Seite drückten, gaben sie sanften und manchmal störrischen Druck zurück, und gaben uns zu verstehen, dass auch diese einen Raum beanspruchen und dieser Raum sich in ein weiteres Universum. Wir ahnten die Verbindungen, das Miteinander. Die fernen Berge, die in den Himmel überliefen. Und wir hörte in der Nähe die Bienen, die die Blumen und blühenden Triebe befruchteten, während der Blütenstaub der Latschenzweige an unseren Hosen hingen blieb. Wir spürten die warme Sonne, die Wärme gab, Wärme, die auch ins Tal strahlte. Wir sahen die fernen Gletscher und die Weite Ebene auf der anderen Seite. Alles war da. Alles war gegenwärtig.

Ist es nicht verwunderlich, dass wir beide Wahrnehmungen, die globale Welt und die Details zugleich erfassten. Und das, obwohl diese Wahrnehmungen in unterschiedlichen Hirnarealen aktiviert werden, meinte Tilapia. Und wie es seine Art war, wechselte er das Thema und fuhr fort, lass uns beim Sepp Speck und ein erfrischendes Bier trinken. Wir beschleunigten den Gang und stiegen quer durch den Waldabhang weglos ab, während uns die Kühe und Pferde des Almerers

129

begleiteten, wissend, welch herrliche Brotzeit uns erwartete.

- Wie könnte dieser Blick, der beides gleichzeitig erfasst, Ihren Alltag, Ihr Umfeld im Privaten und Beruflichen und sie selbst bereichern?
- Welche veränderte Handlungs- oder Seinsweise würde sich für Sie ergeben?

Meditation befähigt in relativ kurzer Zeit Baum, Bäume und Wald zugleich zu sehen. Meditativ geschulte Menschen können den großen Zusammenhang und das Detail sehen. Spirituelle Menschen berichten, dass sie das einzelne Objekt und zugleich den Strom, in dem sich das Objekt bewegt, zeitgleich wahrnehmen. Es ist eine der frühen Erfahrungen, die der spirituelle Weg Ihnen zu eröffnen vermag.

- Wo wäre ein Platz, an dem Sie sich öfter niederlassen könnten, um ungestört Gedanken loszulassen, um Raum für das „Nichts" zu schaffen?
- Vielleicht wollen Sie erst mit der Betrachtung einer Pflanze beginnen?
- Haben Sie einmal versucht, ganz Pflanze zu sein?
- Wo kommt die Pflanze her?
- Wie wird sie sich weiterentwickeln?
- Wo wird sie sein, wenn Sie nicht mehr sind?
- Was zeigt Sie Ihnen jetzt in diesem Augenblick?

Versteinerungen

Unabhängig von bestimmten Prinzipien und Überzeugungen vollzieht sich die Umwandlung und Transzendenz des Glaubenswissens. Wir dringen in ein Etwas ein und nähern uns der Quelle, die nicht versiegt. Um die Quelle ungehindert sprudeln zu lassen, muss das Innere aufgebrochen werden. Dem Schüler ist noch verborgen, was der Meister durch die Oberfläche zu sehen vermag und den Schatz sich nützen zu lassen. Der Blick ins Innere ist oft spröde und scheint undurchdringlich. Manchmal erkennen wir das Innen in seiner Fremdheit noch nicht. Doch mit Ausdauer durch die feste Hülle einmal gedrungen, vermag der Strahl des Inneren aus der Finsternis zu dringen.
Versteinerungen mit ihren Verwerfungen lassen ahnen welche Kraft einmal in ihnen lag.

- Was sind Überzeugungen von Ihnen, an die Sie glauben?
- Könnte es sein, dass Prinzipien eher wie Versteinerungen wirken?
- Was bricht auf, wenn Sie den Stein gleich Moses aufschlagen?

Erinnern Sie sich an den zerbrochenen Krug von Kleist und seine Metapher? Auch Moses musste erst etwas aufbrechen, um die Quelle zum Sprudeln zu bringen. Erst in dieser Umkehrung vom Gewohnten ergab sich die Ressource. Doch anders als bei Kleists zerbrochenen Krug, schlägt Moses aktiv und mit Tatkraft auf den Felsen.

- Schlagen Sie die Mauer um ihr Innen selbst auf oder wird sie aufgeschlagen?
- Was ergibt sich, wenn die innere Quelle sprudelt?
- Welche Gebiete könnte diese Quelle bewässern?

Landschaft

- Wenn Spiritualität eine Landschaft und Sie der Landschaftsgärtner wären, wie gestalten Sie dann Ihre Landschaftsräume?

Mit Spiritualität verhält es sich wie mit Landschaften. Landschaft ist eine Gesamtschau. Spirituelle

Landschaften werden als Ganzes aufgenommen und verinnerlicht. Das Ganze ist die Basiseinheit.

Alles vereint sich, ohne dass sich das Einzelne verliert. Im Gegenteil, das Einzelne gewinnt Bewusstheit aus dem Ganzen. Die Teile der Landschaft werden zu einer Quelle, aus der Sie alles schöpfen. Diese Quelle speist alles, es wächst, ihr Selbst kommt immer wieder neu zur Welt. Sie fühlen sich zunehmend mehr aufgehoben und in das Alles eingebettet.

Um sich selbst oder einen Menschen in Richtung Spiritualität zu entwickeln, ist keine wissenschaftliche Erkenntnis notwendig. Der Mensch braucht keine Entscheidung zu treffen wie die Landschaft geschaffen worden ist. Der spirituelle Mensch tritt einfach in den Landschaftsraum ein. Die Landschaft war, ist und wird.

Der Geist bezeugt es dem menschlichen Geist. Goethe sagte: „Wir wissen es, wir fühlen es." So sind die Gedanken zur Spiritualität nichts weiter als eine Orientierungshilfe durch die Landschaft. Wegweiser und Hinweisschilder durch eine Welt voller Symbolik.

Spiritualität ist das vertiefende und Wachstum ermöglichende Klima, damit sich vielfältige Landschaften entwickeln.

- Sind Ihre Überzeugungen Wegweiser oder eher Umleitungsschilder durch Ihre Landschaften?
- Führen Sie Ihre Überzeugungen in die Weite der Landschaft?

- Bewirken Ihre Einstellungen und Verhaltensweisen eher ein laufendes Stolpern durch die Landschaft?
- Ist die Landschaft Ihnen fremd?
- Wie wäre es, wenn es eine Landschaft wäre, die einfach zu einem Spaziergang einlädt, absichtslos und sich einfach ergebend?

Im Hineingehen in die konkrete Landschaft, nimmt der Geist Gestalt an und gewinnt Form. Spiritualität spielt nicht in einem luftleeren Raum. Wer vom innewohnenden Geist inspiriert ist, hat in jedem Punkt seines Weges die kraftgebende Quelle.
Der spirituelle Mensch ist immer die Achse in seiner Landschaft.

Quelle

Wir waren in der Nähe von Fontaine de la Vaucluse in Südfrankreich. Tilapia und ich saßen an dem sprudelnden, klaren und grünen Flüsschen Sorgue.
Tilapia sprudelte: Sieh die Lebendigkeit. Wie wäre es, wenn Menschen wie dieses klare lebendige Wasser sprudelten? Welche Frische spendet die Quelle? Es sprudelt einfach.Es sprudelt noch so wie vor 40 jahren, als wir das erste Mal hier Steine reinwarfen und dem grünen schlangenartigen Bewegungen der Algen folgten. Das Sprudel ist wie atmen; es atmet einen einfach? Je näher man der Quelle kommt, desto frischer und selbstständiger sprudelt Es. Die Quelle sprudelt ohne Zutun. Nichts Anstrengendes heftet ihr an. Ohne aktives Tun sprudelt es. Weshalb streben Menschen immer zu den großen und gigantischen Flüssen? Das Einzelne ist oft nicht mehr auszumachen. Uniformität herrscht allerorten. Anstrengungen allerorten wichen dem bewegten Sprudeln.

- Wo und wann fühlen Sie sich Ihrem Selbst als sprudelnde Quelle am nächsten?
- Was ist das belebende und sprudelnde Element in Ihnen?
- Was wäre, wenn diese Quelle Ihren Alltag beleben würde?

Tilapia meinte, die Schwierigkeit ist, dass der Mensch meist ein Konzept für Dinge braucht, das bezwecken soll, dass er sich sicher fühlt. Dieses Konzept gibt ihm zugleich den Grund für die Ursache, die wieder bewirken soll, dass das Konzept das Gewollte erreicht. Vielleicht tun sich deshalb Menschen mit Spiritualität schwer. Sie lässt sich nicht in ein Konzept fesseln. Ein Blick auf Gewässer zeigt uns, dass sich das Wasser keine Fessel anlegen lässt. Es fließt einfach. Mit welcher Gewalt es fließen kann, erleben wir in der Natur immer wieder. Weißt Du noch als wir in Moliet Plage bei Vollmond versuchten uns den Wellen im Atlantik entgegen zu werfen?

- Kennen Sie Menschen, die versuchen Wasser zu bändigen?
- Sind Sie einmal einer großen Welle am stürmischen Meer entgegengetreten?
- Wollen Sie diese gewaltige Energie in sich zum Fließen bringen?

Den weisen Menschen zeichnet aus, dass er erst in das tiefe Wasser geht, wenn er schwimmen kann. Viele Menschen meinen es zu können und versinken in einer Flut scheinbarer Erleuchtungen oder von Duftstäbchen oder Weihrauch geschwängerten Empfindungen. Spirituelle Erfahrungen werden von spirituellen Menschen als „innere Prozesse" begriffen.
Der Weg ist simpel: Niederlassen, Zulassen und Einlassen.
Den Weg einfach gehen. Das allein reicht aus. Spiritualität zu erleben bedeutet sich bereit machen und ihr eine Chance geben, dass sie geschehen kann. Wie das Siegelwachs im Erwärmen sich bereit macht für den Eindruck.

- Welches Bild spricht Sie an: Quelle, Bach, Fluss, See, Ozean?
- Wie wäre es, wenn Sie sich einmal an ein Gewässer setzen und einfach dieses selbst zu sein suchen?
- Wie wäre es, wenn Sie diesem „absichtslos" folgen?
- Wo kommt es her und wo fließt es hin?

Wellen

Tilapia saß mit mir südlich von Marseille vergnüglich am Meer. Es war ein schöner und warmer Novembertag. Wir beobachteten einen Hund, der immer und immer wieder versuche die Wellen mit dem Maul zu fangen. Welche Freude musste er haben, so er das über eine Stunde machte und dann wieder begann.

- Wo kommen die Wellen in ihrem Leben her?
- Wer erzeugt die Wellen?
- Was spülen ihre Wellen an Land?
- Wo werden die Wellen von Etwas zurückgeworfen?
- Wo laufen die Wellen leicht aus oder brechen sie sich?
- Wie ist Ruhe im wogenden Meer?
- Wo ist die Welle dahinter?

Leben spielt im Auf und Ab von Wellentälern und Wellenbergen. Leben ist nicht Vergangenheit und Leben ist nicht Zukunft. Leben ist im Nu. In diesem Jetzt werden Sie gebeutelt, leicht umspült oder gehoben.

Im November gedenken wir der Toten, sagte mir Tilapia, als wir in Cassis im November am Hafenbecken in der milden Morgensonne frühstückten. Manche Menschen wirken tot, weil Sie sich immer mit toten Dingen beschäftigen. Sie verkennen, dass schon Wittgenstein postulierte, „der Tod gehört nicht zum Leben."

Dein geliebter und früh gestorbener Künstler Lichtner d´Aix, zauberte in seinen Lithographien das Licht. Es scheint aus einer geistigen Ebene in die Bilder zu fließen. Leben gewinnen seine Bilder indem wir darüber sie betrachtend sprechen. So hauchen wir toten Dingen

Leben ein und gestorbene Menschen leben indem der Mensch weiter geht.

- Wo ist Ihre Kraft, die in sich ruht?
- Wo ist Ihre Ruhe, die bewegt?
- Wie kommen Ruhe und Kraft zusammen?

Draußen und drinnen

- Wie würde sich Ihr Blick ändern, so Sie überzeugt wären, alles entsteht in Ihnen?
- Wie würde Ihr Selbst sich verändern?
- Wie kommt das Drinnen nach draußen?
- Wird das Drinnen im Draußen wie von Ihnen gemeint, wahr-genommen?

Spirituelles Selbstmanagement wendet sich nach innen. Im Innen konstruieren sich Menschen ihre Wirklichkeit. Diese Wirklichkeit kommt erst zur Welt, wenn wir wirken. Wir können nicht nicht wirken. Es wird von einem Menschen immer eine Wirklichkeit nach draußen kommen. Welche, das bestimmt einmal der Mensch selbst in seinem Verhalten und auf der anderen Seite beurteilt es der Mensch gegenüber.

- Können Sie Ihre Wirklichkeit erfahren, wenn Sie nicht handeln?

- Wie könnten Sie Ihre Wirklichkeit gestalten, dass die Anzahl der Möglichkeiten wächst?

Matthieu Ricard hat in einem Dialog einmal darauf hingewiesen, dass altruistische Liebe und Mitgefühl zu den stärksten positiven Emotionen gehören. Über Zuwendung und Bindung kommt dieses Gefühl nach draußen.

- Bedeutet das nicht, dass der schlaueste Weg zum eigenen Glück über einen gesunden Egoismus führt?

Selbst wenn der andere das Mitgefühl oder die Uneigennützigkeit ablehnt, haben Sie sich selbst etwas Gutes getan. Sie haben für sich einen positiven emotionalen Zustand erzeugt. Den kann Ihnen der andere nicht nehmen. Wer ausschließlich nur an sich denkt und das Du und das verbindende Wir nicht mit einbezieht, ist jedoch auf dumme Weise egoistisch.

- Wie können Sie eine Wirklichkeit erzeugen, die das Du und das Wir in ihr Leben einbindet?
- Wie müssen Sie sich dazu verhalten?
- Wo ist Ihr Potential, dass Sie sich zum Guten hin verändern?

Helmiak fasst Spiritualität als authentische Selbsttranszendenz auf. Sicherlich stoßen Menschen physische und psychische Krisen in Richtung Spiritualität an.

- Wäre nicht eine bessere Alternative, sich auf diesen Weg zu begeben, ohne erst einschneidende und dramatische Erfahrungen zu erleben?
- Wie sieht es aus, wenn Sie den Weg jetzt zu beschreiten beginnen?

Tilapia machte mich einmal auf die Aussage von Habermas aufmerksam: Als Gestalt des Geistes lebt die Religion fort. Wenn Religion als Mystik ein geistiges Phänomen ist, verschränken sich beide Bereiche.

- Wie wird Religiosität oder Spiritualität erfahren: institutionell oder individuell?
- Verstehen Sie sich als spirituell oder religiös?
- Wie verhält es Spiritualität mit ihrem Weltkonstrukt, an das Sie glauben?
- Worauf ist Ihre Spiritualität bezogen?

Östliche Wege

Östliche Wege meint, die in Asien gebräuchlichen Weisen sich seinem Selbst zu nähern. Joga, Zen oder Tao versuchen Bewusstseinsinhalte zu erschließen und sich als Ziel von dem Bewusstsein zu lösen, um am Ende des Weges *(oder ist es der Beginn des eigentlichen Weges, meinte Tilapia)* Transzendenzerfahrungen zu machen.

Rational erschließen sich dem Mensch sicher nicht die Erfahrungen des „Jenseits-Bewussten", da Rationalität an das Bewusste gebunden ist.

Welchen Weg der einzelne Mensch bevorzugt und ob er den Zustand mit Begriffen Verbundenheit oder Beziehung zu Gott, dem Ganzen, einer höheren Macht, dem Leben oder der Welt, das Eine ohne ein Zweites oder Nous (siehe auch „Nus"), wählt, ist seine subjektive Wahl.
All das sind Bezeichnungen für etwas, was wir nicht in Worte fassen können. Der spirituelle Weg vermag sich erst eröffnen, so wir die Bezüglichkeit aufgeben.

Viele Menschen können sich von dieser weltlichen Bezogenheit nicht lösen. Zu verlockend scheinen die Angebote von selbsternannten spirituellen Meistern die Halt und Lösung versprechen. Diese Illusionen oder Fantasiewelten entfernen den Menschen jedoch mehr von sich als diese Wege zum eigenen Selbst führen.

Bei Spiritualität geht es nicht um einen Bezug zu richtig oder falsch, ja oder nein.
So der Mensch nicht einer Monologik anhängt, kann er weder selbst noch der Meister der Mittelpunkt des Universums sein. Es muss etwas anderes geben, das den zentralen Bezugspunkt bildet.

Tilapia meinte, es ist nicht rechts und ist nicht links und doch ist es beides zugleich, es ist nicht oben und nicht unten und doch ist es zugleich oben und unten. Da wo die Gegenpole sich treffen, bricht das Licht auf und vermag das Licht des Seins zu strahlen, zitierte er gern eine gute Freundin in einem Karmelkloster.

- Ist ihr Links links oder rechts?
- Wo schneiden sich die Verbindungen von links und rechts?
- Wo ist ihr „oben und ihr „unten"?
- Wo schneiden sich wiederum diese Achsen und die horizontalen?
- Entsteht eine Helix?

Rote Rosen

Sieh die herrlich blühenden Rosen am Ende der Rebstock-zeile, rief Tilapia begeistert, als wir am Wegrand eines Weinberges saßen und Brotzeit machten. Das leuchtende Rot drängt aus dem Blättergrün der Rebstöcke. Bis die Blätter selbst im Herbst die Farbe übernehmen. Als wir im November wieder hier waren, war auch das Rot der Blätter verschwunden. Wir sahen den leuchtenden ockerfarbenen Boden.

Nachdem eine Reise nach Südfrankreich für viele etwas aufwändig scheint, um dort einen Rosenbusch zu suchen und diese auch nicht zu jeder Jahreszeit blühen, empfehle ich Ihnen, sich ein Rosenstöcklein oder eine einzelne Rose zu besorgen.
Suchen Sie einen Platz, an dem Sie 20 Minuten ungestört sind. Setzen Sie sich vor die Blume. Stellen Sie sich nur auf diese ein. Nur diese Pflanze ist wichtig, sonst nichts.

- Wie entwickelte sich die Pflanze, bis sie zu dieser Blüte wurde, die sie ist?
- Was heißt es, für die Pflanze zu leben?
- Was sehen Sie in dieser Pflanze?
- Versuchen Sie das Pflanzenleben zu verstehen. In ihr ist auch jenes Leben, das auch in Ihnen verwirklicht ist. Leben ist Leben.
- Denken Sie nun daran, was bedeutet es das zu sehen?
- Wie verändert sich Ihr Sehen nach dem Betrachten?
- Was könnte diese Erkenntnis für Ihren Alltag bedeuten?

Kathedralen

Tilapia entwarf einmal beim Besuch einer großen französischen gotischen Kathedrale das Bild, Spiritualität sei wie das Licht, das die Sonne von hinten durch die filigrane Rosette in die Kathedrale sendet. Das Licht durchdringt von hinten die Fensterstruktur. Der Innenraum gewinnt Gestalt, Farbe und Struktur.

Spiritualität sieht Riemann als Persönlichkeitsmerkmal. Und Carl Roger meinte am Ende seines Lebens, dass er diesem Bereich zu wenig Aufmerksamkeit gewidmet hatte. Auch Fromm erkannte erst zum Ende seines Lebens den Aspekt der Spiritualität. Spiritualität ist mit dem Menschen und seinem Wesen verbunden. Der Weg liegt Vielem noch davor.

- Macht Spiritualität erst das Wesenhafte des Menschen aus?
- Wollen Sie bis zum Ende des Lebens warten, um vielleicht zu erkennen, dass es da noch einen Bereich zu erschließen gab?
- Wie wäre es, wenn Sie ihren Innenraum jetzt schon in seiner Struktur erkennen könnten?
- Welche Facetten von Ihnen, würden Sie finden, wenn Ihr Licht zu strahlen beginnt?

In der Spiritualität leben alte Menschheitsweisheiten auf, wo alte Traditionen den Menschen als Seele und Geist erfassten und noch nicht wissenschaftliche Ansätze den Menschen separierten.

Spirituelle Menschen scheinen auch unter stärksten Belastungen Sinnhaftigkeit und Hoffnung zu sehen und auch zu bewahren, stellte Viktor Frankl in seinen Beobachtungen während seines KZ-Aufenthalts fest. Für ihn bedeutete Spiritualität das Leben anzunehmen.

Sicher sind kommen seine Erkenntnisse aus seinem extremen Erlebnis. Doch auch im alltäglichen Leben verlieren sich heute Menschen zunehmend, die keine Sinnhaftigkeit mehr finden und entdecken. Ihr Sinn verhaftet sich an dem Äußerlichen. Dieser vermag kaum den Sinn zu schenken und zu erfüllen.

- Wie müsste Ihre Rosette gestaltet sein, damit das Licht, Ihr Herz erreicht und den Innenraum mit einem Gefühl tiefer Befriedigung und Erfüllung durchstrahlt?
- Ist das Glas bei Ihnen farbig, ist es weißes Glas oder wie in alten Kirchen aus lichtdurchlässigem Alabaster?
- Wie durchstrahlt dieser lichte Geist Ihr Leben?
- Wie könnte Ihre Geschichte, so durchstrahlt, aussehen?

„Siehst du nicht, dass die fleischliche Seele dir jegliches Leben geraubt hat und dir ein Theater nur vorgaukelt von morgen um morgen. Das Leben ist ganz jetzt, ist heute, in diesem ewigen Nun", schrieb Rumi in seiner Schrift „ Von allem und vom Einen"

- Was ist das Jetzt gerade in diesem Augenblick?

Nichts

- Sind Sie Ihr Job?
- Sind Sie Ihr Geld?
- Sind Sie Ihre Armut?
- Sind Sie Ihr Auto?
- Sind Sie der Inhalt Ihrer Arbeit?
- Sind Sie ihre tolle Designerbluse oder ihr Designerhemd?

Nietsche meint, dass das Ich unser ältester Glaubensartikel sei.

- Wie sieht ihr Glaubensartikel aus?
- Was bindet Sie in nicht fruchtbarer Weise an Sie selbst?
- Wie könnten Sie sich von Prestigedenken substituieren?
- Was bewirkt ein spiritueller Geist in ihrem Leben?

Es gibt Zeiten, in denen der Mensch sich dem Tun zuwenden muss und es gibt Zeiten, in denen der Mensch sich sich selbst zuwendet. Beides ist Eines von Ein-und-Demselben.

- Wie wäre die Betrachtung, dass Loslassen vielmehr die Folge ist, da das Dingliche an Gewicht verliert, wenn man von der anderen Betrachtung gekostet hat?
- Wenn Sie etwas festhält, welche fünf Fragen könnten Sie sich stellen, um das loszulassen?

Die ideelle Form verändert auch die Form des Sichtbaren. Nicht die Entweltlichung des Inspirativen, sondern das innere Erleben bewirkt die Verschönerung und Kräftigung der geistigen wie auch leiblichen Existenz.

Damit wird festgestellt, dass Spiritualität nicht im luftleeren Raum spielt. Die Inwendung ist zugleich auch Ausstülpung. Im Spiegel der Welt werden wir Ihrer Wirkung gewahr. Unsere Handlungen werden getragen von dieser inneren Kraft und diese Kraft lässt die Handlungen stark und klar erscheinen. Wir gewinnen Persönlichkeit und was gemeinhin als authentischer Charakter bezeichnet wird.

Es gibt ein Selbst jenseits der zeitlichen Begrifflichkeit.

- Sind Sie zur Grenzüberschreitung fähig?

- Sehen Sie in Grenzüberschreitungen die Todessehnsucht Freuds oder den Wille zur Neugeburt im Sinne von Hanna Ahrendt?

Wollen Sie das Kraftfeld um sich tanzen lassen, gelingt das nur, wenn Ihre innersten Räume Ihrer Burg nicht durch Äußeres gefüllt und überlagert werden.
Das bedeutet nicht die Reduktion sinnlicher Wahrnehmung. Es geht um höchste Identität von Wirklichkeitserfahrung und die erfassen wir wieder mit den Sinnen. Mit Sinnen, die nicht getrübt sind, sondern unabgelenkt.

Entgegen dem dyadischen Denken, das Trennung und Zerschneidung impliziert, kommen im monadischen Denken alle sinnlichen Wahrnehmungen zur Ruhe. Es ist ein Raum jenseits aller aktiven Denkformen. Hier geschieht es einfach, es stößt zu.

Liebe

Johannes vom Kreuz hält das einfach Einlassen in die grenzenlos Liebe für die höchste Form des menschlichen Seins, bei der sich die Frage nach dem Zweifel nicht mehr stellt. Reine Bewusstheit ist ein ruhiger innerer Zustand wo kein Gedanke wohnt, meint Philo von Alexandria.

Ich könnte mir vorstellen, dass Csikszentmihaliy dazu begeistert ausrufen würde: das ist wie eine Art Flow-Zustand, sagte Tilapia, als wir in einer Bucht bei Punt Ala in der Toskana saßen und er mir von einer Unternehmensutopie berichtete, die er umsetzen wollte, wo diese Facetten ermöglicht werden sollten.

Nicht Umdeuten der Schwierigkeiten oder das Gegenteil als Problemlösung wählen, sondern liebendes eintauchen und absichtslos sein, erfüllt den Menschen mit einem Geist, der alles und jedes löst. Doch Du weißt ja, nicht immer ist das möglich oder der Mensch dazu bereit, dann brauchen wir die weltlichen Konzepte, um ein Problem zu lösen. Komm, gehen wir wieder in die Welt zu Atilio.

Der Victoireberg

Zahlreiche Menschen, Heilige und weniger Heilige, Maler und Poeten bestiegen diesen Berg. Menschen schleppten auf den Berg ein 20 Meter hohes Kreuz. Es ist ein Berg, der auf der einen Seite lieblich ist, gegen Süden, dem Licht zu, seine Rauheit zeigt und jäh abbricht.
Zahlreiche Brände vermochten nicht, seinen Zauber zu nehmen. Die Schönheit und Kraft erschließt sich dem Menschen, indem er sich ihm wandernd langsam nähert und hinaufsteigt. Der Weg ist mal spröde, wieder zwingt er zu klettern, scheint in der südlichen Hitze nicht enden wollend, lädt den Menschen zum Innehalten und Verweilen ein. Einzigartig sind die Weitblicke.

Dieser Berg gleicht einem Lebewesen, das als Körper die steinige Anordnungen hat, als Seele aber die in den Strukturen verborgene unsichtbare Bedeutung besitzt, die über ihn hinausweist.

Peter Handke schreibt in seiner „Lehre des Sainte-Victoire": Die Kreise wurden immer weiter, ungewollt; es ergab sich so.

Tilapia hat mich mit diesem Berg gelehrt, das Unsichtbare zu sehen und das Sichtbare zu durchschauen. Erst im Besteigen mit der richtigen Schrittwahl geschah das Verstehen und Erkennen im Verweilen und Innehalten. Der Mensch versteht nur das, was er vollzieht.

Zur Höhe gehört Tiefe, sagte Tilapia und entschwand in das alles.

- Wie heißt Ihr Berg?
- Wie ist der Berg geformt?
- Ist ihr Berg eine schöne Landschaft?
- Steigen Sie schon oder betrachten Sie ihren Berg noch?
- Verweilen Sie gerade und was kommt dann an die Reihe?
- Wie könnte das Gefühl sein, das Sie auf Ihrem persönlichen Victoire-Berg empfinden?
- Wie steht es mit ihren Ressourcen?
- Wo sind ihre Rastplätze, die Ihnen Stärkung geben?
- Und was kommt dann, wenn Sie das Ihre erreicht haben?

Menü

Tilapia hat mich am Lac de la Bonde, in einem kleinen Restaurant von Monsieur Roy, einem langjährigen Freund und großen Weinkenner der Region, eingeladen. Er hatte für zwei Personen ein Überraschungsmenü bestellt.

Wir begannen mit einer kleinen Melone gefüllt mit einem Süßwein aus Banuyls, es folgten geeiste Zucchini, eine selbstgemachte Wildterrine von Madame. Dann kam ein Sorbet aus den Pfirsichen von Monsieur Roy und bevor der Hauptgang kam, erschien er mit drei Gläsern Champagner, setzte sich zu uns und meinte vielsinnig, dass alles und jedes miteinander verbunden sei: Alles aus einem und eines aus Allem, erinnerte ich mich, dass Tilapia öfter Rumi zitiert hatte. Es ist Zeit, meinte Roy zu Tilapia und sie gingen ins Haus.

Versunken in die perlenden Bläschen im Glas, folgte ich dem Wirbel der einzelnen Perlen und zugleich sah ich die Linien, die die Perlen unaufhörlich im Aufsteigen vom Boden des Glases zur Oberfläche zeichneten.

Es schien ein Zauberglas zu sein, des unaufhörlichen Perlens.

Ein leichter Duft von zartem Fisch erfüllte die Luft und warf mich wieder ins Hier zurück als Roy mit einer Platte mit herrlichen Fischfilets aus dem Innen kam.

Überzogen waren die strahlenden Filets mit einem göttlich funkelnden weißen Schaum. Ich konnte nicht widerstehen und begann wie von unsichtbarer Hand geführt zu essen. Die Filets zergingen lebendig und frisch

153

auf der Zunge. Es war als hätten alle Wohlgenüsse dieser Welt sich in diesem Gericht vereinigt. Nie hatte ich etwas Derartiges gegessen und ein solches Gefühl vorher erlebt.

Ein kühler Schauer der Begeisterung lief mir wie bei einem Konzert den Rücken hinunter. Bilder von Philo von Alexandria, die Farben von Cezannes und die im Kreis tanzenden Figuren von Matisse wirbelten in meinem Kopf. Ich erlebte van Goghs flimmernde Luft über der Camargue und sah die schwarzen Krähen.
Ich spürte mein Herz und ich wusste jetzt meinen Weg, den ich bei der ersten Wanderung mit Tilapia begonnen hatte.
Ich sah das filigrane Licht der Toskana und schwebte gleich der Blaumerle über den nährenden Böden. Es war wie gerade neu geboren zu werden.
Die Quelle sprudelte und bewässerte die Landschaft. Ich fühlte mich zugleich enthoben und geerdet, erfüllt und geliebt.
Draußen und Drinnen vereinigten sich. Alles bestand aus derselben Energie.
Die Bewegung war zur Ruhe gekommen.

Als Roy mich anstieß, war es schon später Nachmittag geworden. Ich blickte über den See auf die bläulich schimmernden Victoireberge am Horizont. Dort wo vor vielen Jahren meine Reise begonnen und mein Selbst mit dem Leben zu tanzen begonnen hatte.

Auf meine Frage hin, wer solch einen göttlichen Fisch fängt und in Welchen Meeren dieser schwimmt, meinte Roy, heute Morgen war ein Fischer aus der Nähe von Martigues da, der sagte, Tilapia hätte speziell diesen Fisch für einen langjährigen Freund und Begleiter bestellt.

„Roy, wie heißt dieser göttliche Fisch?"
„Tilapia", antwortete mir Roy.

Nachwort

Es sind zahlreiche Facetten durch die Fragen angestoßen, die sich weiter drehen. Es ist wie ein Kaleidoskop, das angestoßen wird, die einzelnen Steinchen neu ordnet und wenn man hineinblickt, ein neues Muster zeigt. Und es wird wieder angestoßen und die Steinchen ordnen sich wieder. Und es wird wieder angestoßen und die Steinchen ordnen sich wieder Und es wird wieder angestoßen und die Steinchen ordnen sich wieder.

Bemerken Sie, dass es regnet, wenn ihr Boden Wasser braucht, haben Sie ein Prinzip erfasst. Es bewässert einfach. Wer das veranlaßt?.....

Dank

Danke an die anregenden Stimmen, die mich bei der Niederschrift begleitet haben.
Danke ebenso an meine Familie, die schon über 35 Jahre mit mir geht und den Weg weiter schreitet.

Weitere Anregungen finden Sie unter:
www.wolfgang-schneider.de
www. bs-akademie.de
Oder Sie fragen mich direkt:
ws@wolfgang-schneider.de